Introduction à LATEX

Erwan Gautrelet

Élève ingénieur en troisième année
à l'École navale.

DUNOD

Illustration de couverture :
illustrez-vous – Adobe Stock

11 rue Paul Bert, 92240 Malakoff
www.dunod.com
ISBN 978-2-10-081053-6

Table des matières

Avant-propos

LaTeX est un langage permettant de réaliser des documents de qualité et de façon professionnelle. Avec LaTeX, vous pouvez (quasiment) tout faire. Cependant, comme tout nouvel outil, il nécessite un apprentissage. C'est ici qu'intervient ce livre. De nos jours avec Internet, tout est accessible, mais souvent pas très clair, ou alors trop compliqué. Dans ce manuel, qui ne se veut pas exhaustif, chaque fonction de base est abordée de façon progressive. Ainsi, vous pouvez choisir l'ordre dans lequel vous souhaitez entamer votre apprentissage : que ce soit avec une notion simple ou plus pointilleuse. Vous pourrez trouver ce que vous cherchez facilement grâce à la table des matières. De plus, ce livre pourra être utilisé comme un formulaire, avec les différentes tables de symboles, commandes et les nombreux exemples.

Vous pouvez également utiliser ce manuel chapitre par chapitre, et vous tester avec les multiples exercices proposés. Ceux-ci pourront aussi vous servir d'exemples grâce à la correction détaillée de chaque script.

Enfin, il est à noter que l'intégralité de ce livre à été rédigée en LaTeX !

Clause de non-responsabilité

Toutes les extensions citées dans ce document sont présentes dans la bibliographie, ce qui permet d'accéder à la documentation de l'extension facilement. La bibliographie fait référence à chaque fois au site internet CTAN. Depuis lequel vous pourrez installer l'extension et accéder à la documentation fournie par l'auteur.

Partie I

Introduction à LaTeX

Chapitre 1

Qu'est-ce que LaTeX ?

Objectifs du chapitre

À la fin de ce chapitre, vous devriez être capable de :

— connaître brièvement l'histoire du langage ;
— maîtriser les idées clés du fonctionnement de LaTeX.

1.1 Bref historique

1.1.1 À l'origine, TeX

Outré par la qualité de la typographie scientifique des logiciels d'édition à son époque, Donald Knuth développa à partir de 1978 le logiciel TeX. Il s'agissait alors d'un système logiciel permettant la composition de documents. Ce langage informatique a été créé pour être ergonomique, facile d'accès et gratuit.

Les travaux de Knuth sur TeX ont été présentés à un rendez-vous annuel de l'*American Mathematical Society*. Knuth présenta TeX comme un outil informatique au service des mathématiques. Il y dévoila les concepts typographiques du langage, mais également les notions mathématiques utilisées. À l'époque, ce langage permettait aux chercheurs et mathématiciens de réellement gérer ce qu'ils écrivaient. Il était également gratuit et portable : peu importe la machine sur laquelle était écrit le document, il sortait identique. Ces caractéristiques plaçaient ce langage devant les programmes de l'époque qui étaient bien souvent chers, propriétaires et avec une sortie difficile à gérer.

1.1.2 LaTeX

Le langage LaTeX est un système de composition de document permettant, conjointement au logiciel TeX, l'édition et le traitement de texte de documents, notamment scientifiques. Il a été développé en 1983 par Leslie Lamport . Il s'agit en réalité du regroupement de plusieurs commandes utilisant le système TeX. Aujourd'hui, il est énormément utilisé pour les documents scientifiques ou techniques, grâce aux nombreuses possibilités qu'il offre, particulièrement pour le traitement de formules mathématiques. LaTeX se prononce par les francophones $[lat\epsilon k]$, en raison de la traduction de la lettre "khi" χ par la lettre X de LaTeX. Il existe actuellement trois moteurs de composition LaTeX : PDFLatex, XeTex, LuaTex. Dans ce livre, nous présenterons uniquement le premier : PDFLatex.

FIGURE 1.1 – Leslie Lamport, le créateur de LaTeX (`http://lamport.org/`)

1.2 Le principe

Le langage LaTeX a été créé de façon à laisser l'auteur du document se concentrer sur la structure et le contenu, la mise en page et la forme étant gérées par le logiciel. Ce qui différencie des logiciels comme *Microsoft Word* ou *LibreOffice Writer* du langage LaTeX, c'est qu'en utilisant ce dernier, l'auteur n'a pas automatiquement le résultat affiché à l'écran. Il faut utiliser un éditeur de texte, puis compiler le script pour afficher le rendu final. Les logiciels comme *Microsoft Word* sont de type WYSIWYG (acronyme de l'anglais *What You See Is What You Get*) alors que dans le cas d'un document LaTeX, le texte rédigé à l'écran ne représente pas le rendu final.

L'image suivante présente globalement le principe de fonctionnement.

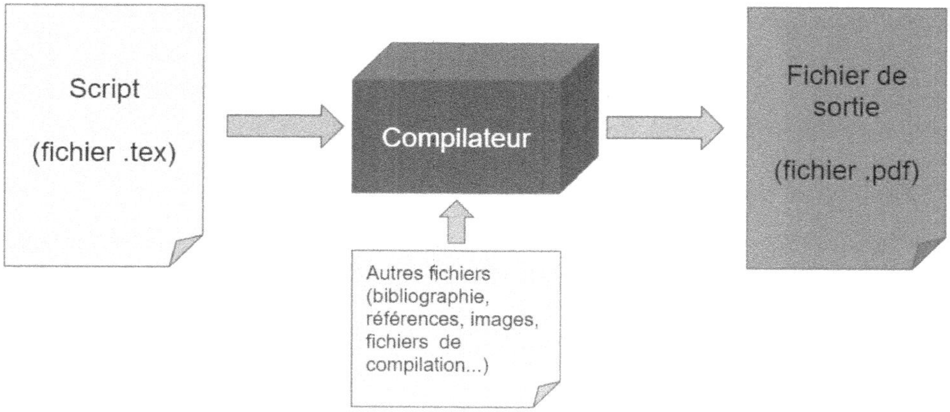

FIGURE 1.2 – Principe de LaTeX

Mais dans ce cas, pourquoi utiliser LaTeX ? Malgré un apprentissage initial un peu plus important, dès lors que l'auteur maîtrise les bases du langage, il devient aisé de fabriquer un document de qualité (formules mathématiques, physiques, chimiques, mise en page, caractères, gestions de gros documents etc.). À l'origine créé pour faciliter la création de documents scientifiques, il est cependant possible de concevoir d'autres types de documents : lettre, rapport etc.

1.3 5 fausses idées sur LaTeX

C'est beaucoup trop compliqué : Faux !

Il est vrai que LaTeX demande un apprentissage initial plus important qu'un logiciel comme *Microsoft Word*. Cependant dès que les bases sont maîtrisées, l'utilisation n'est pas plus compliquée.

Je dois apprendre par cœur plein de commandes : Faux !

Pas besoin d'apprendre de commande par cœur : il suffit de se référer aux différents tableaux de ce manuel. De plus, certains éditeurs, comme Texmaker, offrent des raccourcis pour les commandes de bases.

LaTeX n'est fait que pour écrire des mathématiques : Faux !

L'existence d'un grand nombre de fonctions et d'extensions différentes permet de faire à peut près tout : traitement de texte classique, mathématiques, physique, chimie, sciences humaines etc.

Utiliser LaTeX prend plus de temps qu'un éditeur classique : Faux !

Il est vrai qu'apprendre les bases de LaTeX nécessite un peu de temps, mais dès lors que vous savez l'utiliser, vous pouvez vous occuper uniquement de votre texte, LaTeX s'occupera tout seul de la mise en page !

J'ai besoin de payer pour utiliser LaTeX : Faux !

LaTeX est totalement gratuit, ainsi que la plupart des éditeurs pour l'utiliser. Toutes les extensions sont en ligne : il suffit de suivre les liens dans la bibliographie.

Chapitre 2

Installation de LaTeX et configuration

Objectifs du chapitre

À la fin de ce chapitre, vous devriez être capable de :

— savoir comment installer tous les logiciels utiles pour pouvoir utiliser correctement LaTeX ;
— configurer proprement votre éditeur ;
— compiler facilement vos fichiers.

2.1 Installation sous *Windows*

L'installation complète de LaTeX nécessite la réalisation de plusieurs étapes. Nous traiterons dans cette section le cas d'une installation sur un ordinateur sous *Windows*. Le cas des distributions *macOS* et *Linux* sera abordé à la fin.

2.1.1 MikTex

Pour commencer, il va falloir installer un environnement de travail LaTeX prêt à être utilisé sur votre ordinateur. C'est le rôle de MikTex. Si possible, installez la version complète qui contient toutes les extensions de LaTeX. Vous pourrez le trouver en suivant le lien ci-dessous :
`http://www.miktex.org/`

2.1.2 Texmaker

Maintenant que LaTeX est présent sur votre ordinateur, il faut installer un éditeur qui va vous permettre de modifier et compiler vos fichiers. Dans ce tutoriel d'installation, nous présentons Texmaker, mais il existe beaucoup d'autres éditeurs possibles. Vous pouvez installer Texmaker avec le lien suivant :
`http://www.xm1math.net/texmaker/index_fr.html`

2.1.3 Ghostscript, Ghostview et GSview

Enfin pour que tout fonctionne sans problème, il est nécessaire d'installer Ghostscript, Ghostview et GSview. Sans rentrer dans les détails, il s'agit d'un interpréteur pour les fichiers PDF, nécessaire lors de la compilation. Nous retrouverons ces logiciels à l'adresse suivante :
`http://pages.cs.wisc.edu/~ghost/`

2.2 LaTeX sous *Mac* ou *Linux*

2.2.1 LaTeX sous une distribution *Linux*

Pour installer LaTeX sous Linux, il faudra dans un premier temps installer le paquet : `texlive-full`. Nous installerons l'éditeur (Texmaker) avec le paquet : `Texmaker`. Pour la configuration, les étapes sont les mêmes que pour les autres distributions.

2.2.2 LaTeX sous *Mac*

L'installation de LaTeX ne pose également pas de difficulté. Il suffira de télécharger un fichier contenant tout ce dont vous pourrez avoir besoin. Comme pour Linux, toute la configuration reste la même. Ensuite, il faudra installer Texmaker. Vous pourrez trouver les fichiers d'installation aux adresses suivantes :
`http://www.tug.org/mactex/`
`http://www.xm1math.net/texmaker/index_fr.html`

2.3 L'éditeur Texmaker

2.3.1 Présentation

Comme nous l'avons brièvement abordé dans le premier chapitre, lorsque vous écrivez un document LaTeX, vous ne modifiez pas directement le résultat final mais passez par le biais d'un script. Il s'agit du code qui va définir votre document. Ce script, ou code source, sera tapé dans un éditeur. Ensuite, nous compilerons ce script pour générer le fichier PDF final. Il existe plusieurs éditeurs différents, avec chacun leurs avantages et inconvénients. Dans cette partie, nous vous proposerons une présentation de Texmaker, mais libre à vous d'utiliser un autre éditeur.

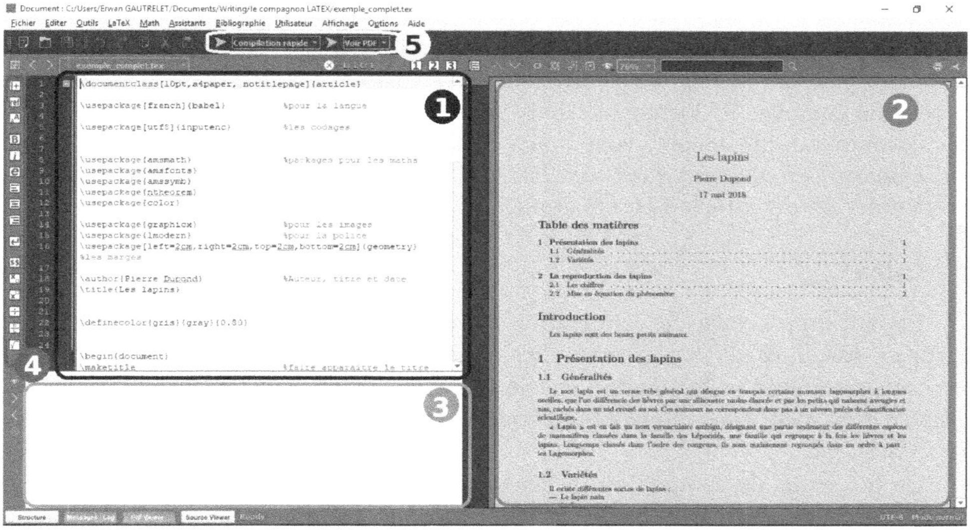

FIGURE 2.1 – Capture d'écran de Texmaker

La fenêtre de Texmaker se décompose en plusieurs espaces :

Espace 1 il s'agit de l'éditeur. Le script LaTeX sera écrit à cet endroit.

Espace 2 il s'agit de la visionneuse du PDF. Le document final s'affichera ici.

Espace 3 la boîte de dialogue. C'est ici que sont affichés les erreurs ou les avertissements sur le document, lors de la compilation.

Espace 4 on y trouve les raccourcis pour pouvoir aller plus vite sans avoir à taper toutes les commandes.

Espace 5 c'est le compilateur, où nous allons pouvoir choisir le processus de compilation, et afficher le PDF.

Pour aller plus loin

Il est également possible d'afficher un onglet *structure* (en appuyant en bas à gauche de l'écran) : cela permet de naviguer facilement dans votre document en utilisant les différentes parties et sections.
La barre en bas de la fenêtre de Texmaker vous permet ainsi de choisir les différents onglets que vous voulez afficher à l'écran. De plus, l'encodage du document (`utf-8`) est rappelé en bas à droite.

2.3.2 La compilation

Nous venons de voir que pour générer le fichier PDF de notre document, il suffit de compiler le script. Quand nous compilons un script LaTeX, l'éditeur va « lire » votre script et mettre en œuvre les différentes commandes. Il existe donc plusieurs façons de compiler le document. Nous présenterons ici les deux principales. Après avoir compilé le document, vous pouvez l'afficher dans le lecteur de PDF interne à Texmaker, en cliquant sur `Voir PDF`. La compilation rapide du logiciel permet d'effectuer les deux tâches en une seule.

Latex

Il s'agit du processus de compilation « historique ». Lorsque nous compilons avec ce processus, nous allons générer un fichier au format `dvi`. Dès lors, il est possible de convertir ce fichier en PostScript avec le processus `dvips`. Vous pouvez également le convertir en PDF avec `dvipdf` ou `dvips + ps2pdf` si le fichier a déjà été converti en PostScript.

Ce processus de compilation permettra de faire fonctionner les extensions utilisant des fonctionnalités PostScript. En revanche, il impose que toutes les images doivent être au format PostScript ou Encapsulated PostScript (`eps`). De plus, PostScript n'est plus développé par Adobe pour laisser la place au format PDF.

PDFLatex

Le second mode de compilation est `PDFLatex`. C'est celui que nous vous conseillons. Il permet d'obtenir un fichier directement au format PDF. Les images de votre document devront être aux formats JPG ou PNG. Il sera également possible d'inclure des PDF. Les liens internes dans le document créé par l'extension `hyperref` seront également mieux pris en charge. Ce processus ne traite cependant pas les extensions gérées par PostScript.

2.3.3 La configuration

Avant de pouvoir écrire votre premier document en LaTeX, il faudra configurer l'éditeur. Cette configuration est très simple et se divise en trois parties :

L'encodage du document

Il est nécessaire que votre document soit encodé en `utf-8`. Vous pouvez le vérifier en bas à droite de la fenêtre de Texmaker. Si ce n'est pas le cas, vous pouvez le modifier en allant dans l'onglet **Options**, puis « configurer Texmaker ». L'onglet « Éditeur » puis configurer `utf-8`.

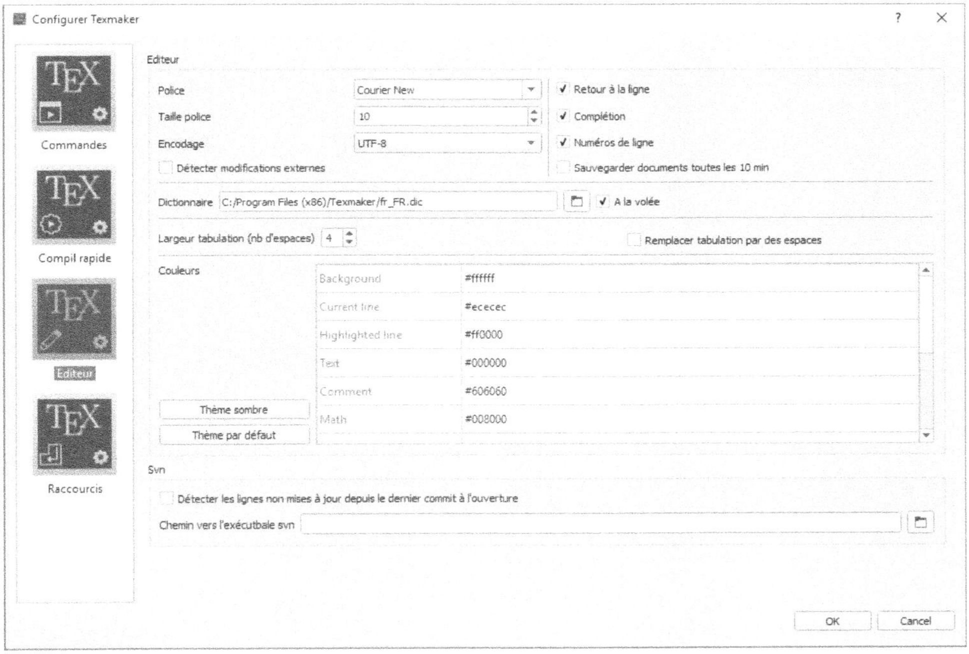

FIGURE 2.2 – Configurer l'encodage

Pour aller plus loin

> Nous vous présentons ici l'encodage `utf-8` (toutes les commandes, scripts, fonctions présentés dans ce livre utiliseront ce type d'encodage. Vous pouvez cependant vous rendre à l'annexe C pour plus d'informations sur l'encodage d'un document.

Le processus de compilation

Nous avons pu voir plus haut qu'il existe plusieurs processus de compilation. Vous devez donc savoir maintenant si vous voulez compiler avec PDFLatex ou LaTeX. Il existe une compilation rapide avec l'éditeur Texmaker. Cela vous permet d'appuyer sur un seul bouton pour lancer différents processus de compilation. Cela peut sembler superflu, mais dans le cas d'une bibliographie par exemple, la compilation est un peu plus compliquée. Ainsi, la compilation rapide prend tout son sens. Elle se configure toujours dans le menu « Configurer Texmaker », dans l'onglet « Config. Rapide ». Un processus de compilation se basant sur **Latex** serait :

« Latex + dvips + ps2pdf + ViewPDF »

Pour **PDFLatex**, nous choisirons :

« PDFLatex + ViewPDF »

Nous retrouvons les deux processus dans le schéma suivant :

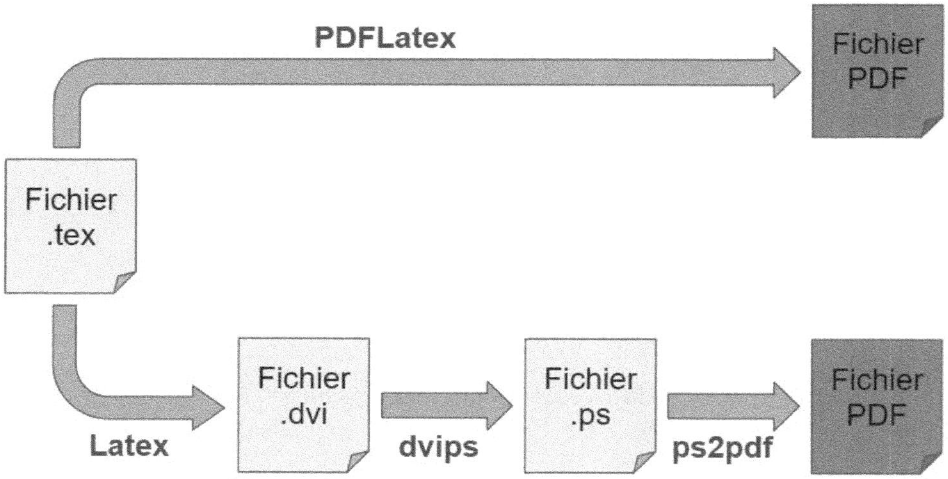

FIGURE 2.3 – Processus de compilation

L'onglet « commandes »

Le premier onglet de la fenêtre « configurer Texmaker » est l'onglet « commandes ». Voici une capture d'écran de cet onglet, au cas où vous viendriez à modifier par erreur un de ces champs. En effet, une erreur dans ces commandes pourrait ne pas faire fonctionner la compilation.

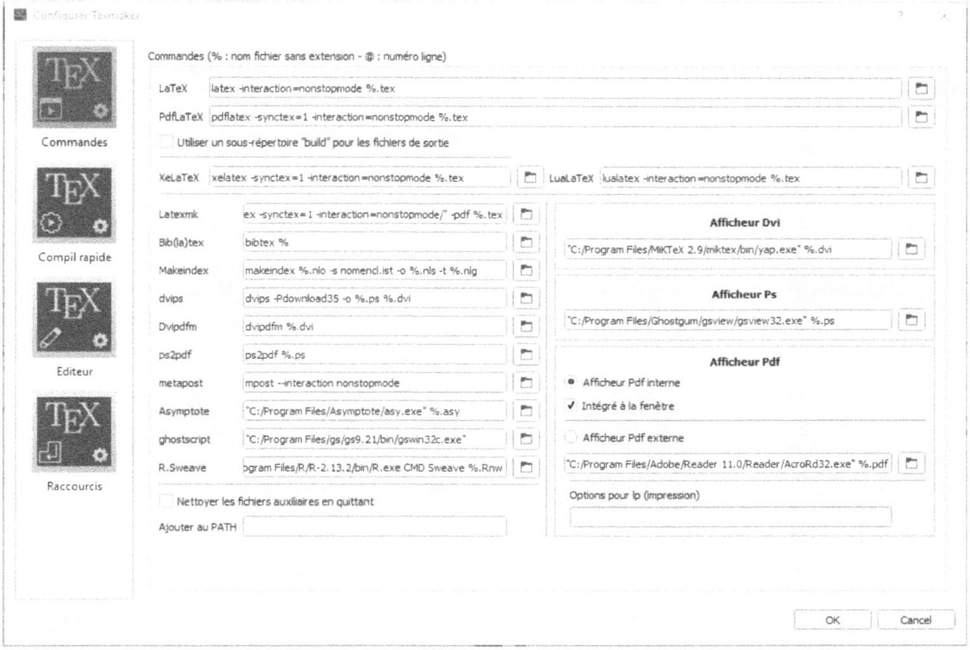

FIGURE 2.4 – L'onglet « commandes »

Voilà, si vous avez suivi toutes les étapes de ce chapitre, vous devriez avoir LaTeX installé sur votre machine, ainsi qu'un éditeur correctement configuré. Vous pouvez maintenant commencer à écrire en LaTeX !

2.4 Bonus : Les éditeurs en ligne

2.4.1 Présentation

Ci-dessus, nous parlions de Texmaker, un éditeur LaTeX. Il existe également plusieurs éditeurs en ligne : plutôt que d'avoir vos fichiers et votre éditeur (ainsi que tous les différents logiciels présentés plus haut), vous avez tout cela dans un navigateur web. Dans cette partie, nous présenterons les avantages des éditeurs en ligne, et succinctement un des plus connus : Overleaf.

2.4.2 Avantages

Voici une liste non exhaustive des avantages d'un éditeur en ligne :

Rien à installer Avec un éditeur en ligne, il vous suffit d'une connexion internet et d'un navigateur web. Pas besoin d'installer quoi que ce soit. Cela veut dire que vous pouvez accéder à votre travail n'importe où.

Facilité d'utilisation avec leur interface, les éditeurs en ligne sont souvent faciles d'accès, même pour des néophytes de LaTeX.

Historique du document La plupart des éditeurs en ligne permettent de retourner à une version antérieure, ce qui est pratique lors d'édition de gros documents.

Travail collaboratif Enfin, peut-être le plus intéressant de tous ces avantages : avec un éditeur en ligne, vous pourrez travailler à plusieurs sur le même document.

2.4.3 Un exemple, Overleaf

Overleaf semble être le numéro 1 des éditeurs LaTeX en ligne. Vous pourrez notamment y trouver de nombreux exemples de mise en page. Il n'y a plus qu'à ouvrir le document, et le tour est joué. Nous ne vous présenterons pas ici l'éditeur, car son site internet le fait très bien. Il suffit de suivre les indications, créer son profil et commencer à taper. Le site en question est : `fr.overleaf.com`

2.5 Installation de LaTeX et configuration - Exercices

Corrections p.155

Questions récapitulatives :

1. V/F Miktex permet de fournir un environnement LaTeX complet et prêt à être utilisé.
2. Quelle est l'utilité de Texmaker ?
3. Est-il possible d'utiliser LaTeX sous macOS ?
4. Quel encodage est fortement conseillé pour éviter les erreurs ?

Exercice 1 ✠✠ :
Quel est le processus de compilation dans le cadre d'une compilation avec Latex ?

Exercice 2 ✠ :
Quels sont les 4 grands avantages d'un éditeur en ligne ?

Partie II

La mise en page du document

Chapitre 3

La structure du document

Objectifs du chapitre

À la fin de ce chapitre, vous devriez être capable de :

— connaître les différentes classes proposées par LaTeX et savoir quand les utiliser ;
— maîtriser la notion d'extension, savoir comment les importer, et connaître quelques extensions utiles ;
— réaliser vos titres ;
— savoir utiliser les tables : comment les afficher et les modifier.

Un script LaTeX se divise en deux parties. La première est appelée préambule, et va contenir plusieurs commandes définissant le document et appelant les différentes extensions nécessaires. À la suite de ce préambule vient le corps du document, qui contient réellement ce qui sera affiché dans le fichier PDF final. Voici un exemple très simple d'un document `.tex` pour comprendre la structure :

```
\documentclass[10pt,a4paper]{article} %classe du document

%extensions
\usepackage[utf8]{inputenc}  %encodage d'entrée
\usepackage[frenchb]{babel} %langage
\usepackage[T1]{fontenc} %encodage de sortie
\usepackage{amsmath} %extension pour les mathématiques
\usepackage{amsfonts} %extension pour les mathématiques
\usepackage{amssymb} %extension pour les mathématiques
\usepackage{graphicx} %extension pour les images
\usepackage[left=2cm,right=2cm,top=2cm,bottom=2cm]{geometry} %marges

%gestion du titre
\author{Erwan Gautrelet}
\title{Titre de mon document}

\begin{document} %début du corps du document
%affichage du titre
\maketitle
%affichage du sommaire
\tableofcontents

\section{Partie 1} %première partie
\subsection{Sous-partie} %sous-partie

Votre texte %texte

\end{document} %
```

3.1 Les classes

3.1.1 La commande documentclass

Comme dans l'exemple ci-dessus, tous les scripts de document LaTeX commencent par la commande `\documentclass`. Elle va définir la classe du document et donner plusieurs options de mise en page possibles. Nous écrirons donc :

```
\documentclass[options]{classe}
```

Cette commande possède plusieurs options :

10pt Pour choisir la taille de la police, en `pt`.

A4paper Le format de la page.

oneside ou twoside Pour une impression recto ou recto-verso.

onecolumn ou twocolumn Pour un texte sur une ou deux colonnes.

Pour aller plus loin

Nous retrouvons aussi les options suivantes :

openright ou openleft pour que les chapitres commencent sur une page impaire ou paire.
openany pour un saut de page avant les chapitres.
leqno pour afficher les numéros d'équations à gauche.
fleqn pour mettre à gauche les formules mises en évidence.

Avec cette commande, vous devez également préciser sa classe. C'est cette classe qui va définir le type de document que vous allez réaliser. Ce choix est donc important car il offre un certain nombre de commandes et de paramètres adaptés au type de document désiré. Cette partie regroupe quelques classes proposées par LaTeX et leurs différentes caractéristiques.

3.1.2 La classe BOOK

Cette classe est utilisée pour rédiger des livres (ou autres documents ayant une mise en page semblable). Les spécificités de cette classe sont les suivantes :

— la page du titre est séparée du reste du document par une page blanche ;
— les marges sont plus importantes que les autres classes, et sont alternées ;
— les différentes parties et chapitres commencent sur une page impaire ;
— un nouveau niveau de titre est rajouté : le chapitre. Il vient se placer entre partie et section. Les chapitres et parties commencent sur une page impaire. Voir 4.2.1 pour plus de détails sur les niveaux de titres.

Pour aller plus loin

Quatre commandes s'ajoutent avec la classe BOOK pour structurer le document :`frontmatter` , `mainmatter`, `appendix` et `backmatter`.
Ces commandes permettent de structurer le document en séparant le préambule, le corps, les annexes et la fin du document. La commande sera placée au début de chacune des parties et LaTeX adaptera la mise en page. `frontmatter` se place au début du document. LaTeX va alors numéroter les pages en chiffres romains. La seconde se place avant le premier chapitre. `appendix` indique le début des appendices et `backmatter` est à placer avant les différentes tables et bibliographies.

3.1.3 La classe REPORT

Il s'agit de la classe qui arrive après la classe BOOK. Elle convient pour de longs documents et reprend les mêmes éléments que la classe BOOK, sauf la mise en page spécifique.

3.1.4 La classe ARTICLE

Il convient d'utiliser la classe ARTICLE pour les plus petits documents. C'est la classe la plus fréquente pour les documents LaTeX.

Les différences entre cette classe et les deux précédentes sont les suivantes :

— le texte commence sur la même page que le titre ;

— l'utilisation des chapitres n'est plus possible ;

— les marges sont différentes.

3.2 Les extensions

Pour éviter toute confusion, et ce jusqu'à la fin du livre, l'appellation *extension* désignera ce que d'autres peuvent appeler *package*. Il s'agit bien évidemment de la même notion.

3.2.1 Utilisation

Après avoir défini la classe de son document, il est possible d'appeler différentes extensions. Ces extensions offrent chacune un nouveau panel de commandes spécifiques. Par exemple, si vous voulez écrire un article comportant des formules mathématiques, vous allez sûrement avoir besoin d'appeler une ou plusieurs extensions pour utiliser des commandes spécifiques aux mathématiques. Pour appeler ces extensions, il suffira de placer la commande suivante, à placer dans le préambule :

```
\usepackage[options]{nom de l'extension}
```

Les options entre crochets sont facultatives et dépendent de l'extension utilisée. Par exemple, pour personnaliser les marges d'un document, nous pourrons utiliser l'extension `geometry` et définir les marges dans les options, ce qui nous donne la ligne :

```
\usepackage[left=2cm,right=2cm,top=2cm,bottom=2cm]{geometry}
```

Toutes les extensions existantes ne sont pas forcément installées sur votre ordinateur. Dans ce cas, LaTeX va fournir une erreur en disant que le fichier de l'extension n'a pas été trouvé. Pour le télécharger, plusieurs possibilités, présentées ci-dessous.

Téléchargement automatique

Sous Texmaker, il est possible de télécharger l'extension automatiquement, sous réserve d'avoir une connexion internet. Il s'agit d'une option qu'il est possible de choisir à l'installation de Texmaker.

Téléchargement manuel

Si vous décidez de télécharger vous-même l'extension, deux cas se présentent.

Vous avez téléchargé un fichier `.sty` : Il se peut que vous ayez téléchargé le fichier de l'extension au format `.sty`. Dans ce cas, il suffit de placer ce fichier dans le dossier de votre document `.tex`. Lors de l'appel de l'extension, Texmaker ira chercher cette dernière dans votre dossier.

Vous avez téléchargé un fichier `.ins` : Si votre fichier est au format `.ins`, la démarche est légèrement différente. Il faudra dans un premier temps compiler ce fichier en utilisant Texmaker pour récupérer un fichier `.sty` et pouvoir le traiter comme vu précédemment.

Pour aller plus loin

> La figure 2.4 montre les commandes définies par défaut pour chaque compilation. Dans la commande permettant la compilation, il suffit de changer le `.tex` par `.ins` pour pouvoir compiler le fichier et le transformer en `.sty`.

3.2.2 Le package manager de MikTex

Si vous utilisez MikTex, vous pouvez consulter les extensions installées sur votre machine. Cela peut être utile pour voir si vous possédez une extension que vous allez devoir utiliser ou non. Pour cela, il suffit de rechercher le *package manager* dans votre barre de recherche *Windows*.

En l'ouvrant, vous allez afficher une fenêtre de ce type :

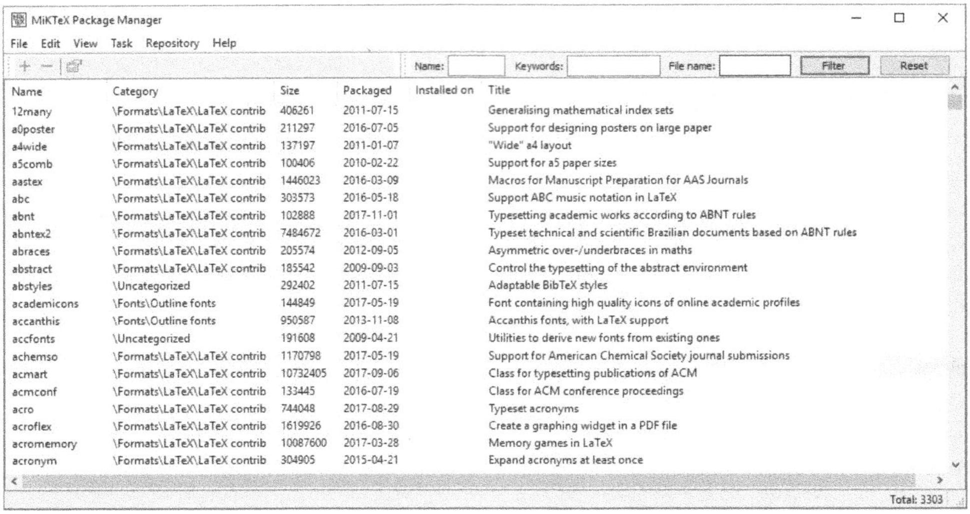

Name	Category	Size	Packaged	Installed on	Title
12many	\Formats\LaTeX\LaTeX contrib	406261	2011-07-15		Generalising mathematical index sets
a0poster	\Formats\LaTeX\LaTeX contrib	211297	2016-07-05		Support for designing posters on large paper
a4wide	\Formats\LaTeX\LaTeX contrib	137197	2011-01-07		"Wide" a4 layout
a5comb	\Formats\LaTeX\LaTeX contrib	100406	2010-02-22		Support for a5 paper sizes
aastex	\Formats\LaTeX\LaTeX contrib	1446023	2016-03-09		Macros for Manuscript Preparation for AAS Journals
abc	\Formats\LaTeX\LaTeX contrib	303573	2016-05-18		Support ABC music notation in LaTeX
abnt	\Formats\LaTeX\LaTeX contrib	102888	2017-11-01		Typesetting academic works according to ABNT rules
abntex2	\Formats\LaTeX\LaTeX contrib	7484672	2016-03-01		Typeset technical and scientific Brazilian documents based on ABNT rules
abraces	\Formats\LaTeX\LaTeX contrib	205574	2012-09-05		Asymmetric over-/underbraces in maths
abstract	\Formats\LaTeX\LaTeX contrib	185542	2009-09-03		Control the typesetting of the abstract environment
abstyles	\Uncategorized	292402	2011-07-15		Adaptable BibTeX styles
academicons	\Fonts\Outline fonts	144849	2017-05-19		Font containing high quality icons of online academic profiles
accanthis	\Fonts\Outline fonts	950587	2013-11-08		Accanthis fonts, with LaTeX support
accfonts	\Uncategorized	191608	2009-04-21		Utilities to derive new fonts from existing ones
achemso	\Formats\LaTeX\LaTeX contrib	1170798	2017-05-19		Support for American Chemical Society journal submissions
acmart	\Formats\LaTeX\LaTeX contrib	10732405	2017-09-06		Class for typesetting publications of ACM
acmconf	\Formats\LaTeX\LaTeX contrib	133445	2016-07-19		Class for ACM conference proceedings
acro	\Formats\LaTeX\LaTeX contrib	744048	2017-08-29		Typeset acronyms
acroflex	\Formats\LaTeX\LaTeX contrib	1619926	2016-08-30		Create a graphing widget in a PDF file
acromemory	\Formats\LaTeX\LaTeX contrib	10087600	2017-03-28		Memory games in LaTeX
acronym	\Formats\LaTeX\LaTeX contrib	304905	2015-04-21		Expand acronyms at least once

FIGURE 3.1 – Package manager de MikTex

Toutes vos extensions sont listées ici. Vous pouvez également chercher directement avec le nom ou par mot-clé. Une recherche par date d'installation peut aussi s'avérer utile. Vous pouvez également désinstaller une extension.

3.2.3 Quelques extensions utiles

Nous venons de voir qu'il existe énormément d'extensions et que toutes ne sont pas utiles selon le document que vous être en train d'écrire. Nous allons lister ici les extensions quasiment obligatoires pour un fichier LaTeX, et il est conseillé de les appeler systématiquement.

L'encodage des polices

```
\usepackage[utf8]{inputenc}
```

`inputenc` concerne l'encodage de votre script LaTeX d'entrée, votre « fichier source ». C'est lui qui va vous permettre de taper directement les accents ou caractères spéciaux dans votre code source. Il est conseillé de placer cette extension au début.

```
\usepackage[T1]{fontenc}
```

Cette commande se charge de bien prendre en compte au niveau de l'affichage de sortie ces caractères particuliers. Cette extension gère ainsi l'encodage de votre document final. Pour plus de détail sur les encodages, rendez-vous en annexe C.

L'utilisation des couleurs

```
\usepackage{xcolor}
```

Cette extension est utile pour la gestion des couleurs. Rendez-vous sur le site `www.dunod.com` pour télécharger un complément sur l'utilisation des couleurs dans LaTeX.

Les langues

```
\usepackage[french]{babel}
```

Cette extension permet l'utilisation des langues dans votre document. En effet, chaque langue possède des caractéristiques, des accents et des caractères particuliers. Prenons l'exemple des guillemets : les Français n'utilisent pas les mêmes que les Anglais. Cette extension va permettre de prendre en compte toutes ces différences et les adapter selon la langue du document. Voici une liste non exhaustive des langues proposées par l'extension `babel` :

Tchèque	`czech`
Danois	`danish`
Neerlandais	`dutch`
Anglais	`english`, `USenglish`, `american`, `UKenglish`, `british`, `canadian`, `australian`, `newzealand`
Esperanto	`esperanto`
Français	`french`, `francais`, `canadien`
Allemand	`austrian`, `german`
Grec	`greek`
Hébreu	`hebrew`
Islandais	`icelandic`
Italien	`italian`
Latin	`latin`
Polonais	`polish`
Portugais	`portuges`, `portuguese`, `brazilian brazil`
Russe	`russian`
Espagnol	`spanish`
Slovaque	`slovak`
Slovène	`slovene`
Suèdois	`swedish`
Turc	`turkish`
Ukrainien	`ukrainian`

Tableau 3.1 – langues de l'extension `babel`

La gestion des mathématiques

Pour pouvoir utiliser la plupart des symboles, formules et environnements mathématiques présents dans ce manuel à coup sûr, il vaut mieux charger ces trois extensions :

```
\usepackage{amsthm,amssymb,mathtools}
```

Les références

L'extension suivante permet de mieux gérer les références du document, notamment pour la table des matières.

```
\usepackage{hyperref}
```

3.3 La page de titre

3.3.1 Le titre du document avec `maketitle`

Il existe des commandes toutes faites pour faire apparaître des éléments de présentation. C'est le cas de `\maketitle` qui prend en charge l'affichage du titre. Le fonctionnement est plutôt simple. Vous placez la commande `\maketitle` dans le corps du document à l'endroit où vous désirez afficher le titre, en amont de cette commande, dans le préambule par exemple, pour définir les éléments suivants avec leur commande correspondante :

— `\title{Titre}` ;
— `\author{}` avec la possibilité d'en avoir plusieurs en utilisant `\and` entre chaque auteur ;
— `\thanks{}` même principe que pour l'auteur ;
— `\date{}` avec la possibilité de mettre la date du jour avec `\today`.

3.3.2 L'environnement `titlepage`

Sans extension, il est possible de personnaliser la page de titre avec l'environnement `titlepage` :

```
\begin{titlepage}
%Code définissant votre page de titre
\end{titlepage}
```

Vous pourrez ainsi décider des éléments que vous voulez voir apparaître sur la page de titre, leur placement etc. Un exemple de page de titre utilisant `titlepage` est également disponible en annexe B.

3.4 Les tables

L'affichage des différentes tables se fait automatiquement par LaTeX. C'est le même principe que pour la commande `\maketitle`. C'est LaTeX qui va numéroter vos sections, chapitres et figures. Les commandes suivantes sont utilisées :

`\tableofcontents`	Sommaire
`\makeindex`	Index
`\listoffigures`	Liste des figures
`\listoftables`	Liste des tableaux

Ces tables vont avoir chacune un nom par défaut avec LaTeX. L'utilisation de l'extension `babel` va traduire ces noms prédéfinis dans la langue du document. Si toutefois vous désirez personnaliser le nom, cela est possible en utilisant la commande :

```
\renewcommand{\contentsname}{Nouveau nom du sommaire}
\renewcommand{\listfigurename}{Nouveau nom de la table des figures}
\renewcommand{\listtablename}{Nouveau nom de la table des tableaux}
```

3.5 Le corps du document

Le préambule permet de définir la classe du document, importer les différentes extensions, redéfinir certaines commandes ou certains environnements et bien d'autres choses. Après avoir effectué toutes ces commandes, il va falloir définir un environnement contenant tout votre document. Ce que nous avons précédemment appelé le corps du document. La syntaxe suivante sera utilisée :

```
\begin{document}
...
\end{document}
```

C'est dans cette partie que nous écrirons le texte, affichons les titres, les images etc.

3.6 Le préambule du document - Exercices

Corrections p.155

Questions récapitulatives :

1. Quelle extension permet de gérer les langues du document ?
2. Quel logiciel permet d'avoir accès aux extensions installées sur votre machine ?
3. Citez trois extensions conseillées pour l'utilisation des mathématiques.

Exercice 1 ✠ :
Définir un document au format de page A5, de police de taille 12 pt. Ce dernier sera un article scientifique au format paysage, avec un texte sur deux colonnes.

Exercice 2 ✠✠ :
Écrire le code nécessaire à l'appel des deux extensions pour l'encodage des polices.

Exercice 3 ✠ :
Quelles commandes permettent d'afficher les listes des figures et des tableaux ?

Chapitre 4

La mise en page

Objectifs du chapitre

À la fin de ce chapitre, vous devriez être capable de :

— connaître les différentes longueurs prédéfinies par LaTeX pour gérer les marges ;
— modifier les marges de votre document
— comprendre le sectionnement d'un document ;
— personnaliser les différents titres ;
— afficher un résumé du document, dans plusieurs langues, avec ou sans extension ;
— personnaliser les en-têtes et pieds de page.

4.1 Marges

Les marges sont automatiquement gérées par LaTeX en fonction de la classe du document. Ainsi, pour la classe `book`, les marges gauches et droites vont alterner, comme pour un livre. La classe `article` va laisser de plus grandes marges, pour un document plus aéré.

4.1.1 Sans extension

Il est possible de modifier directement les différentes marges manuellement, avec les commandes suivantes : Marge pour les pages impaires :

```
\setlength{\oddsidemargin}{0pt}
```

Marge pour les pages paires :

```
\setlength{\evensidemargin}{9pt}
```

Largeur d'une (éventuelle) note marginale :

```
\setlength{\marginparwidth}{54pt}
```

Largeur de la zone de texte :

```
\setlength{\textwidth}{481pt}
```

Espace en cas de note marginale :

```
\setlength{\marginparsep}{7pt}
```

Définition de la marge du haut :

```
\setlength{\topmargin}{0pt}
```

Hauteur du haut de page :

```
\setlength{\headheight}{13pt}
```

Espace entre les (éventuels) en-têtes et le début du texte :

```
\setlength{\headsep}{10pt}
```

Espace entre la fin du texte et les (éventuels) pieds de page :

```
\setlength{\footskip}{27pt}
```

Hauteur de la zone de texte (ici 28cm) :

```
\setlength{\textheight}{708pt}
```

Avec les longueurs définies sur la figure suivante : [1]

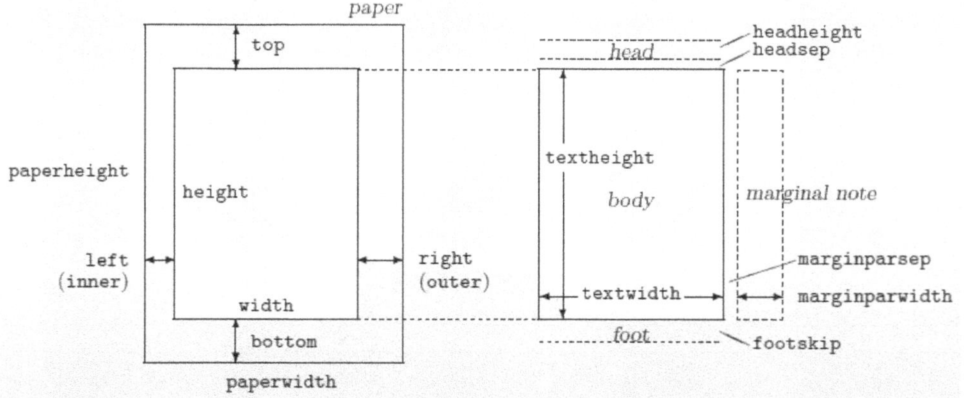

FIGURE 4.1 – Marges du document

Pour aller plus loin

Les longueurs dans LaTeX peuvent être exprimées en centimètres, mais également en point (1 pt représente environ 0.35 millimètre).
Il est possible également de trouver le `em`. Il s'agit d'une unité relative à la taille de la police. Les nombres à virgule sont autorisés, mais il faudra remplacer la virgule par un point.
L'unité `ex` est utilisée pour la hauteur des caractères. 1 ex représente la hauteur d'une minuscule.

4.1.2 Avec l'extension `geometry`

Pour personnaliser ces marges plus facilement, il est possible d'utiliser l'extension `geometry` avec la commande :

```
\usepackage[left=2cm,right=2cm,top=2cm,bottom=2cm]{geometry}
%ou encore
\usepackage{geometry}
\geometry{left=2cm,right=2cm,top=2cm,bottom=2cm}
```

Les correspondances sont les mêmes que dans la figure 4.1.

1. De `http://www.xm1math.net/doculatex/geometry.html`.

Pour aller plus loin

> Si vous voulez une différence de marges entre pages impaires et paires, il suffit de rajouter `twoside` dans les options de `geometry` et de mettre deux marges différentes.

4.2 Les titres

4.2.1 Nativement dans LaTeX

Niveaux de titre

Le sectionnement dans LaTeX s'effectue grâce à différents niveaux de titre. Un document se divise ainsi en plusieurs parties, chapitres etc. Pour clarifier ce sectionnement, chaque niveau de titre possède une numérotation. C'est ce chiffre qui va définir la profondeur des sections. Le tableau suivant regroupe les différents titres :

Commande	Nom	Niveau
`Part`	partie	-1
`chapter`	chapitre	0
`section`	section	1
`subsection`	sous-section	2
`subsubsection`	sous sous-section	3
`paragraph`	paragraphe	4
`subparagraph`	sous-paragraphe	5

Tableau 4.1 – Les niveaux de titres

Pour ajuster cette profondeur, nous pourrons utiliser la commande suivante :

```
\setcounter{secnumdepth}{1}
```

Cette commande permet ainsi de modifier la profondeur d'un titre. Vous pouvez si vous le désirez faire apparaître un chapitre à la même profondeur qu'une section.

Personnalisation

Sans extension, il est possible de modifier et de personnaliser facilement les titres. Pour avoir une section non numérotée, utile par exemple pour l'introduction, ou un chapitre particulier, il suffit de rajouter une étoile avant les accolades :

```
\section*{Nom du titre}
```

Il est également possible de changer la profondeur de numérotation des sections. Nous utiliserons pour cela le chiffre de niveau du tableau 4.1. La commande est la suivante :

```
\setcounter{secnumdepth}{1}
```

Pour changer le compteur et la police d'une section, il faut utiliser la commande suivante, toujours dans le préambule :

```
\verb+\renewcommand{\thesection}{\arabic{section}}+
```

Avec le choix des compteurs suivants :

Commande	Exemple
`\arabic`	1, 2, 3, 4...
`\Roman`	I, II, III...
`\roman`	i, ii, iii..
`\Alph`	A, B, C...
`\alph`	a,b,c...
`\fnsymbol`	

Tableau 4.2 – Les compteurs

4.2.2 Avec l'extension `titlesec`

L'extension `titlesec` permet de personnaliser les titres. Elle propose deux commandes permettant de modifier le style du titre avec `\titleformat`, et de modifier les espacements entre le titre et le reste du texte avec `\titlespacing`. Le fonctionnement est plutôt simple. Nous allons traiter les deux commandes séparément.

`titleformat`

Cette commande suit la structure suivante :

```
\titleformat{\chapter}%nom du titre à changer
[display]% style du titre
{\bfseries}% Changement commun au numéro et au titre
{\huge\chaptertitlename~\thechapter}% numérotation
{20pt}% espace entre le numéro et le titre
{\Huge}% modification du titre
```

Il existe plusieurs styles de titres :

hang Affichage standard.

block Inclut le titre dans un bloc (paragraphe).

display Inclut le titre dans un paragraphe séparé (comme l'affichage des chapitres).

runin Le texte suivra directement le titre (comme les paragraphes).

rightmargin/leftmargin Le titre sera dans la marge.

wrap Le texte entourera le titre.

frame Comme `display`, mais le titre sera encadré.

titlespacing

La structure utilisée est la suivante :

```
\titlespacing*{\subsection}
{\parindent}% retrait à gauche
{3.25ex plus 1ex minus .2ex}% espace avant
{1.5ex plus .2ex}% espace après
```

Voilà pour les fonctions de base de l'extension `titlesec`. Il est possible de faire bien plus. Si vous le souhaitez, la documentation officielle se situe à l'adresse : `http://www.ctex.org/documents/packages/layout/titlesec.pdf`.

4.3 Le résumé (abstract)

4.3.1 Sans extension

Il est possible d'afficher un résumé (*abstract* en anglais) du document, comme la plupart des documents scientifiques. Cet environnement va afficher et mettre en page un petit résumé au début de votre document. C'est une commande utile pour les textes scientifiques ou techniques :

```
\begin{abstract}
Résumé du texte
\end{abstract}
```

Pour changer le nom du résumé, utilisez la commande suivante dans le préambule (pour mieux comprendre la commande, vous pouvez aller voir le chapitre 12 sur les macros) :

```
\addto\captionsfrench{\renewcommand{\abstractname}{Résumé}}
```

Résumé en plusieurs langues

Il est également possible de changer la langue du résumé avec la commande :

```
\selectlanguage{english}
```

Pour cela, il faudra avoir préalablement importé l'extension `babel` :

```
\usepackage[french, english]{babel}
```

Il faut préciser les langues utilisées dans les crochets. La première langue est considérée comme la langue principale du texte.

4.3.2 L'extension `abstract`

Appel de l'extension et options

L'abstract est encore plus personnalisable avec l'extension homonyme : `abstract`. Attention, cette extension n'est pas compatible avec la classe `book`, seulement `article` ou `report`. L'appel de l'extension se fera dans notre préambule de la façon suivante :

```
\usepackage[options]{abstract}
```

L'argument *options* n'est pas obligatoire. Voici les principales options :

original Cette option va afficher l'abstract par défaut.

addtotoc Le titre de l'abstract va s'afficher dans la table des matières (avec comme valeur `abstractname`).

number Le titre de l'abstract sera numéroté comme un chapitre (classe *report*) ou une section (classe *article*).

runin Le résumé va « suivre » le titre. Les options **number** et **style** seront ignorées.

style Vous spécifiez le style du titre. L'option **addtotoc** s'annule si cette option est spécifiée.

Pour bien comprendre les différentes options, nous vous conseillons vivement de les tester dans votre document et de garder celles qui vous conviennent le mieux.

Cas d'un document en `twocolumn`

Dans le cas d'un document sur deux colonnes, le résumé s'affichera au début de la première colonne. L'extension `abstract` permet d'afficher le résumé sur toute la page, avant la division en deux colonnes, avec la commande :

```
\begin{onecolabstract}
Texte du résumé
\end{onecolabstract}
```

Personnalisation

La personnalisation du résumé avec cette extension se fait en renommant plusieurs commandes de caractéristiques dans le préambule de la façon suivante :

```
\renewcommand{nom de la commande}{nouveaux paramètres}
%exemple :
\renewcommand{\abstracttextfont}{\normalfont\small}
```

Voici une petite liste des différentes commandes :

abstractnamefont Police du titre.

abstracttextfont Police du résumé.

absnamepos Position du titre.

Vous pouvez également changer certaines longueurs avec la commande :

```
\setlength{commande de longueur}{longueur}
%exemple :
\setlength{\absrightindent}{0cm}
```

Avec les valeurs suivantes :

abstitleskip Espace entre le titre et le résumé.

absleftindent Marge gauche.

absrightindent Marge droite.

absparsep Espace entre les lignes.

absparindent Espace de l'alinéa.

La définition du séparateur entre le titre et le résumé se fait avec la commande suivante :

```
\abslabeldelim{séparateur}
```

4.4 En-têtes et pieds de page

4.4.1 Ce que LaTeX nous propose sans extension

Sans utiliser d'extension, il existe trois possibilités pour les en-têtes et pieds de page. Il s'agit vraiment d'un minimum, mais si vous ne souhaitez pas vous ennuyer avec de grosses commandes, cela suffira amplement. La commande à placer dans le préambule est :

```
\pagestyle{style}
```

Avec bien sûr trois arguments possibles :

empty Cela consiste à ne rien afficher du tout.

plain Nous afficherons ici juste le numéro de page en bas au milieu.

headings Déjà un peu plus intéressant : les en-têtes et pieds de page seront automatiquement définis selon la classe du document.

Il est également possible de changer localement, pour une page précise par exemple, le style avec la commande : `\thispagestyle{}`. Ainsi, si vous souhaitez des en-têtes et pieds de page sobres, mais efficaces, et surtout sans trop de peine, vous pouvez utiliser les commandes proposées nativement dans LaTeX. Sinon, il est possible de personnaliser le tout avec l'extension `fancyhdr`.

4.4.2 L'extension `fancyhdr`

Finalement, avec cette extension, rien de compliqué, mais beaucoup plus personnalisable. Dans un premier temps, le préambule devra comporter les deux lignes suivantes, appelant l'extension, et définissant le style :

```
\usepackage{fancyhdr}
\pagestyle{fancy}
```

Ensuite, le fonctionnement de l'extension est simple, il existe deux types de commandes :

```
\fancyhead[zone]{contenu} %pour modifier les en-têtes
\fancyfoot[zone]{contenu} %pour modifier les pieds de page
```

Les différentes zones sont :

L à gauche.

C au centre.

R à droite.

LE à gauche pour les pages paires.

RE à droite pour les pages paires.

CE au centre pour les pages paires.

LO à gauche pour les impaires.

RO à droite pour les impaires.

CO au centre pour les impaires.

Pour aller plus loin

Comme moyen mnémotechnique, les zones sont définies par la première lettre des mots anglais *left*, *right*, *center*, *odd*, *even*.

Et pour le contenu, voici une liste de choses qu'il pourrait être intéressant d'afficher :

thepage La page courante.

thechapter Le chapitre s'il s'agit d'une classe **report** ou **book**.

thesection La section courante.

leftmark la section courante ou le chapitre en cas de **report** ou **book**.

rightmark La sous-section courante ou la section courante en cas de **report** ou book.

author , **date** **etc.**

4.4.3 Personnalisation avancée

Il est possible de rajouter une ligne horizontale, en haut ou en bas, avec les commandes suivantes :

```
\renewcommand{\headrulewidth}{épaisseur} %pour les en-têtes
\renewcommand{\footrulewidth}{épaisseur} %pour les pieds de pages
```

Il est également possible de créer vos propres styles avec la commande qui suit. Le fonctionnement est le suivant : vous allez créer un environnement dans votre préambule et à l'intérieur de celui-ci, vous définirez vos en-têtes et pieds de page. Ensuite, ce nouveau style que vous venez de créer fonctionne comme ceux étudiés précédemment.

```
\fancypagestyle{nom du style}{
\fancyhf{} %remise à zéro
\renewcommand{\footrulewidth}{1pt}
\fancyhead[L]{\rightmark}
\fancyfoot[C]{\thepage}
}
```

4.5 La mise en page - Exercices

Corrections p.156

Questions récapitulatives :

1. V/F Les marges du document dépendent de la classe.
2. V/F Il est nécessaire d'utiliser une extension pour changer les marges d'un document.
3. V/F Il est nécessaire d'utiliser une extension pour écrire le résumé du document (*abstract*).
4. Quel type de titre est uniquement présent dans la classe `book` ?
5. Comment afficher un titre non numéroté ?
6. Quelles sont les deux principales commandes de l'extension `titlesec` ?
7. À quoi sert principalement l'extension `fancyhdr` ?

Exercice 1 ✠ :
Écrire les commandes permettant de définir les marges suivantes avec deux méthodes différentes :
- marge droite de 2 cm (56 pt) ;
- marge gauche de 2 cm (56 pt) ;
- marge du haut de 3 cm (85 pt) ;
- marge du bas de 1 cm (28 pt).

Exercice 2 ✠✠ :
En utilisant `titlesec`, écrire les commandes permettant l'affichage des sections de la façon suivante :
- le titre sera encadré ;
- il sera dans un paragraphe séparé ;
- `\Large` sera utilisée comme taille de police pour le numéro et le titre ;
- les numéros seront des chiffres romains majuscules.

Exercice 3 ✠✠ :
En utilisant notamment l'extension `abstract`, écrire les commandes permettant l'affichage d'un abstract suivant les consignes suivantes :
- l'abstract sera numéroté ;
- le titre sera de couleur bleue et en gras ;
- la taille police du résumé sera `\small` ;
- nous laisserons 25pt entre le titre et le résumé ;
- et l'alinéa sera de 30pt.

Exercice 4 ✠✠✠ :
Écrire les commandes définissant le style de pieds de page et d'en-têtes de ce document. Il est précisé que : le pied de page est uniquement constitué du numéro de page, centré. L'en-tête se définit par une alternance entre nom du chapitre en cours à gauche pour les pages paires et nom de la section en cours à droite pour les pages impaires. Une ligne vient se placer en dessous pour séparer l'en-tête du texte.

Chapitre 5

Mise en forme des paragraphes et du texte

Objectifs du chapitre

À la fin de ce chapitre, vous devriez être capable de :

— aligner correctement vos paragraphes ;
— connaître les différentes commandes ayant un rôle particulier dans la mise en page d'un document ;
— insérer des citations ;
— gérer les différents espacements de votre texte ;
— savoir utiliser et personnaliser les listes ;
— connaître les différentes tailles et styles de polices ;
— changer de police de caractère ;
— utiliser les commandes pour afficher des caractères spéciaux.

5.1 Le corps du document

5.1.1 L'alignement des paragraphes

Le texte que vous allez écrire à l'intérieur du corps du document, sauf s'il s'agit de commande, sera affiché dans votre PDF final. LaTeX va s'occuper de gérer les paragraphes en justifiant le texte et en gérant les alinéas. Vous pouvez séparer les paragraphes (donc sauter de ligne) avec la commande : \\

Attention au fait qu'il n'y ait pas besoin de changer de paragraphe après une image ou un tableau par exemple. Utiliser alors \\ provoquera une erreur. Pour éviter cela, pensez à cette commande en tant que changement de paragraphe plutôt que saut de ligne. Pour modifier l'organisation des paragraphes et notamment leur alignement, vous pouvez utiliser les commandes suivantes :

Alignement	Environnement	Commande
centré	`center`	`\centering`
justifié à gauche	`flushleft`	`\raggedright`
justifié à droite	`flushright`	`\raggedleft`

FIGURE 5.1 – Environnements pour les alignements

```
Lorem ipsum dolor sit amet,
consectetur adipiscing elit. Sed
non risus.
\begin{center}
Suspendisse lectus tortor,
dignissim sit amet, adipiscing
nec, ultricies sed, door.
\end{center}
Cras elementum ultrices diam.
Maecenas ligula massa, varius a,
semper congue, euismod non, mi.
```

Lorem ipsum dolor sit amet, consectetur adipiscing elit. Sed non risus.

Suspendisse lectus tortor,
dignissim sit amet, adipiscing
nec, ultricies sed, door.

Cras elementum ultrices diam. Maecenas ligula massa, varius a, semper congue, euismod non, mi.

5.1.2 Les caractères particuliers

Le texte normal écrit dans un script LaTeX est donc affiché sur le document. Cependant, il existe un certain nombre de commandes qui vont modifier le texte. Le caractère `%` va permettre de créer des commentaires. Tout ce qui suit (sur la même ligne que ce caractère) ne sera pas affiché. Cette commande est utile pour rendre votre script plus clair en l'annotant. Le caractère \ marque le début d'une commande. Les caractères { et } sont les délimiteurs d'une commande ou d'un environnement.

Pour aller plus loin

Un commentaire dans un script LaTeX sera affiché en gris et une commande en violet. Les titres seront affichés en gras et de couleur bleue, et les commandes `\begin` et `\end` en bleu clair.

Pour finir avec les paragraphes, voici quelques commandes de base pour la mise en page :

Commande	Description
`\\`	Changement de paragraphe (saut de ligne)
`\par`	Changement de paragraphe
`$..$`	Environnement mathématique en ligne (*cf.* Ch.10)
`\newpage`	Saut de page
`\vspace{•}`	Espacement vertical

5.1.3 Les règles pour les espaces

Dans le code source, les espaces suivent plusieurs règles un peu particulières :
— plusieurs espaces ne compteront que pour un seul ;
— les espaces de début de ligne ne seront pas comptés ;
— Un saut de ligne dans le code source (nous ne parlons pas ici de \\) comptera comme un espace.

5.2 Les citations avec l'extension csquotes

Il est possible de citer du texte avec `csqotes`. L'avantage de cette extension réside dans le fait que les guillemets sont différents entre plusieurs langues. Avec l'option `babel=true`, les guillemets s'adaptent automatiquement à la langue du texte.

```
\usepackage[babel=true]{csquotes}
D'après Gandhi:
\enquote{La vie est un mystère
qu'il faut vivre, et non un
problème à résoudre}
```

D'après Gandhi : « La vie est un mystère qu'il faut vivre, et non un problème à résoudre »

Un autre exemple avec des guillemets de la langue anglaise :

```
\usepackage[babel=true]{csquotes}
D'après Gandhi: \enquote{La vie
est un mystère qu'il faut vivre,
et non un problème à résoudre}
```

D'après Gandhi: "La vie est un mystère qu'il faut vivre, et non un problème à résoudre"

5.3 Les espacements dans le texte

Les alinéas

Les alinéas sont gérés automatiquement par LaTeX selon la classe de votre document. Pour modifier la longueur d'un alinéa, il faut utiliser la commande :

```
\setlength{\parindent}{longueur de vos alinéas}
```

Pour changer l'espace vertical entre chaque paragraphe, la commande suivante sera utilisée :

```
\setlength{\parskip}{longueur de l'espace entre paragraphes}
```

Il est également possible de localement choisir de ne pas mettre d'alinéa à votre paragraphe. Pour cela, il suffit d'écrire la commande `\noindent`.

Espacement interligne

Si vous désirez changer l'espace interligne, il faudra utiliser l'extension `setspace`. Cette dernière fournit trois environnements de travail :

— `doublespace` : deux espaces ;
— `onehalfspace` : un espace et demi ;
— `singlespace` : espace interligne normal.

Il est également possible de le définir pour l'ensemble du document :

```
\usepackage[singlespacing]{setspace}
\usepackage[onehalfspacing]{setspace}
\usepackage[doublespacing]{setspace}
```

Ainsi, soit vous placez la commande dans l'option de l'extension, soit localement comme ceci :

```
%préambule
\usepackage{setspace}

%corps du texte
\begin{doublespace}
Lorem ipsum dolor sit amet,
consectetur adipiscing elit , sed
do eiusmod tempor incididunt ut
labore et dolore magna aliqua .
\end{doublespace}
```

Lorem ipsum dolor sit amet, consectetur adipiscing elit, sed do eiusmod tempor incididunt ut labore et dolore magna aliqua.

5.4 Les listes

5.4.1 itemize

L'extension `itemize` est utilisée pour faire des listes à puces. Le fonctionnement est simple, l'environnement est appelé comme d'habitude, et à chaque élément de la liste, il suffit de placer `\item`. Contrairement aux tableaux, il n'y a pas besoin d'écrire \\ pour revenir à la ligne. Ce qui donne par exemple :

```
\begin{itemize}
\item Lait
\item Beurre
\item Cacahuète
\end{itemize}
```

— Lait
— Beurre
— Cacahuète

Il est possible de modifier la puce de la liste avec la commande `\labelitemi`, soit pour la liste entière, soit de façon locale en utilisant l'option de `\item`. Voyons le résultat dans l'exemple suivant :

```
\begin{itemize}
\renewcommand{\labelitemi}{$\bullet$}
\item Lait
\item[*] Beurre
\item Cacahuète
\end{itemize}
```

• Lait
* Beurre
• Cacahuète

Dans cet exemple, nous avons placé la commande dans l'environnement `itemize` pour changer la puce :ici `$\bullet$` a été utilisé, donc un point noir. Pour l'item Beurre, nous avons décidé de changer localement la puce, que nous plaçons entre crochets juste après `\item` .

5.4.2 enumerate

Le principe est le même, mais au lieu d'avoir des puces, les éléments sont numérotés :

```
\begin{enumerate}
\item Lait
\item Beurre
\item Cacahuète
\end{enumerate}
```

1. Lait
2. Beurre
3. Cacahuète

Il est bien sûr possible de changer la numérotation de ce genre de listes avec la commande que nous avons vue au chapitre 5.4.1 : le compteur est `enumi` et la commande `\theenumi`. Par exemple :

```
\begin{enumerate}
\renewcommand{\theenumi}{\Alph{enumi}}
\item Lait
\item Beurre
\item Cacahuète
\end{enumerate}
```

A. Lait
B. Beurre
C. Cacahuète

5.4.3 description

Ici, il s'agit également d'une liste, mais une liste de définitions. `\item[nom]` introduit le nom à définir et la définition après se place après :

```
\begin{description}
\item[Beurre] Produit laitier
extrait de la crème issue du lait
\item[Lait] Liquide nutritif de
couleur blanche
\item[Cacahuète] Graine de
l'arachide
\end{description}
```

Beurre Produit laitier extrait de la crème issue du lait

Lait Liquide nutritif de couleur blanche

Cacahuète Graine de l'arachide

Il est possible de sauter une ligne entre le nom de la définition et le corps du texte avec la commande `\hfill`.

```
\begin{description}
\item[Beurre] \hfill
Produit laitier extrait de la
crème issue du lait
\item[Lait] Liquide nutritif de
couleur blanche
\item[Cacahuète] Graine de
l'arachide
\end{description}
```

Beurre
Produit laitier extrait de la crème issue du lait

Lait Liquide nutritif de couleur blanche

Cacahuète Graine de l'arachide

5.4.4 Encore plus de listes

Il est possible d'inclure une sous-liste dans une liste. Pour cela, il suffit de créer un nouvel environnement dans le corps de la première liste.

```
\begin{itemize}
\item Produits laitiers
\begin{itemize}
\item Lait
\item Beurre
\end{itemize}
\item Cacahuète
\end{itemize}
```

— Produits laitiers
  — Lait
  — Beurre
— Cacahuète

Bien sûr, cela fonctionne avec les trois environnements vus précédemment.

5.5 Polices

5.5.1 Taille de police

Pour changer la taille de police, il existe deux options. Il est possible d'utiliser un environnement et tout le texte à l'intérieur sera à la taille demandée. :

```
\begin{footnotesize}
Lorem ipsum dolor sit amet,
consectetur adipiscing elit. Sed
non risus. Suspendisse lectus
tortor, dignissim sit amet,
adipiscing nec, ultricies sed,
door. Cras elementum ultrices
diam. Maecenas ligula massa,
varius a, semper congue, euismod
non, mi.
\end{footnotesize}
```

Lorem ipsum dolor sit amet, consectetur adipiscing elit. Sed non risus. Suspendisse lectus tortor, dignissim sit amet, adipiscing nec, ultricies sed, door. Cras elementum ultrices diam. Maecenas ligula massa, varius a, semper congue, euismod non, mi.

La seconde option est plus facilement utilisable pour un mot ou une phrase, il suffit de taper la commande et d'écrire entre les crochets :

```
Lorem \LARGE{ipsum} dolor sit
amet, consectetur adipiscing
elit. Sed non risus.
```

Lorem ipsum dolor sit amet, consectetur adipiscing elit. Sed non risus.

Le tableau suivant reprend les différentes tailles de polices :

Commande	Exemple
`\tiny`	Minuscule
`\scriptsize`	Vraiment petite
`\footnotesize`	Très petite
`\small`	Petite
`\normalsize`	Normale
`\large`	Un peu plus grande
`\Large`	Grande
`\LARGE`	Très grande
`\huge`	Énorme

Tableau 5.1 – Tailles de polices

5.5.2 Style de police

Le principe pour changer le style de police est le même que pour la taille de police. Nous utiliserons les commandes de la façon suivante :

```
\textit{
La règle que suit en cela un
homme sage, c'est de renoncer à
de légères voluptés pour en
avoir de plus grandes, et de
savoir supporter des douleurs
légères pour en éviter de plus
fâcheuses.
}
```

La règle que suit en cela un homme sage, c'est de renoncer à de légères voluptés pour en avoir de plus grandes, et de savoir supporter des douleurs légères pour en éviter de plus fâcheuses.

Ou localement de la façon suivante :

```
La règle que suit en cela un
homme \textbf{sage}, c'est de
renoncer à de légères
\textit{voluptés} pour en avoir
de plus grandes, et de savoir
supporter des douleurs légères
pour en \texttt{éviter} de plus
fâcheuses.
```

La règle que suit en cela un homme **sage**, c'est de renoncer à de légères *voluptés* pour en avoir de plus grandes, et de savoir supporter des douleurs légères pour en `éviter` de plus fâcheuses.

Le tableau suivant reprend les principaux styles :

Commande	Exemple
`\normalfont`	Normal
`\textbf`	**En gras**
`\textit`	*En italique*
`\textsl`	*Penché*
`\texttt`	`Machine à écrire`
`\textsc`	PETITES MAJUSCULES
`\fbox`	Encadré

Tableau 5.2 – Styles de polices

Pour aller plus loin

Il est possible de mettre en évidence une partie de texte avec la commande **`emph`**. L'avantage de cette commande est qu'elle s'adapte au contexte : un mot mis en évidence dans une présentation sortira rouge, alors que dans un texte, il sortira en italique. Si vous écrivez déjà en italique, il s'adaptera.

5.5.3 Police de caractère

Il est possible d'utiliser différentes polices de caractères dans un document. Dans ce livre, nous nous concentrons sur les fontes de polices fournies par des extensions. Pour cela, il suffit d'appeler avec la commande `\usepackage{}`, en s'assurant que vous avez bien la commande gérant l'encodage de sortie :

```
\usepackage[T1]{fontenc}
\usepackage{nom de la police}
```

Ces commandes permettront d'afficher tout votre document avec la police sélectionnée. De nombreuses polices sont disponibles sur internet, à vous de chercher celle qui convient. Il est également possible de changer localement la police avec son code associé :

```
{\fontfamily{code de la police}\selectfont Texte}
```

Voici un tableau récapitulatif reprenant les codes d'un certain nombre de polices de caractères :

Commande	Exemple
lmr	Latin Modern Roman
lmssq	Latin Modern s.e. Expansé
lmss	Latin Modern Sans Empattement
lmtt	Latin Modern Typewriter
cmr	Computer Modern
ptm	Times
bch	Charter
pzc	*Zapf Chancery*
pag	Avant garde
pbk	Bookman
ppl	Palatino
pcr	Courrier
pnc	New Century Schoolbook
phv	Helvetica

Tableau 5.3 – Différentes polices

5.6 Les caractères spéciaux

Le tableau suivant reprend différents caractères spéciaux de LaTeX :

–	`--`	«	`\og`	œ	`\oe`
—	`---`	»	`\fg{}`	Œ	`\OE`
1er	`1\ier{}`	“	` `` `	Æ	`\AE`
2re	`2\iere`	”	`''`	_	`\_`
7e	`7\ieme{}`	%	`\%`	{	`\{`
1ers	`1\iers{}`	‰	`\textperthousand`	}	`\}`
2res	`2\ieres`	&	`\&`	ß	`\ss`
7es	`7\iemes{}`	£	`\pounds`	™	`\texttrademark`
n°	`\no`	$	`\$`	®	`\textregistered`
nos	`\nos`	#	`\#`	©	`\textcopyright`
N°	`\No`	^	`\textasciicircum`		
Nos	`\Nos`	~	`\textasciitilde`		

Tableau 5.4 – Table des caractères spéciaux

Ces caractères s'insèrent dans du texte de la façon suivante :

```
6\$ , 5\pounds , le 1\ier{} ,
c\oeur , Stra\ss
```

6\$, 5£, le 1er , cœur , Straß

5.7 Mise en forme des paragraphes et du texte - Exercices

Corrections p.157

Questions récapitulatives :

1. Quel est l'environnement permettant d'écrire un paragraphe justifié à gauche ?
2. Quelle est la particularité de ce caractère % ?
3. Comment changer de paragraphe ?
4. Quelle commande permet de placer un espacement vertical ?
5. Que se passe-t-il lorsque nous plaçons plusieurs espaces dans un script LaTeX ?
6. Quelle extension permet de citer du texte ?
7. Comment doubler l'espace interligne ?
8. Quels sont les trois types de liste ?
9. Quelle est la commande permettant d'écrire le plus gros possible ?

Exercice 1 ✠✠ :
Écrire le code permettant d'afficher la liste suivante :

Far breton Il nécessite les ingrédients suivants :

a. Beurre
b. Farine
c. Pruneaux
d. Œufs

Gâteau-yaourt Préparé avec du yaourt

Cake aux fruits
Préparé avec des fruits

Exercice 2 ✠✠ :
Écrire le code affichant une citation avec une police de petite taille, en prenant en compte la langue et en laissant un espace et demi entre chaque ligne.

Exercice 3 ✠ :
Donner les commandes pour écrire les caractères spéciaux suivants :
- n°
- 1er
- %
- ^
- £
- LaTeX
- œ
- ß

Exercice 4 ✠ :
Écrire le code affichant le texte suivant :

Le **gras** permet de mettre en valeur un mot, tout comme l'*italique*. Il est également possible d'encadrer un mot ou une phrase.

Exercice 5 ✠✠ :
Écrire le code affichant la liste suivante :

* Saturne
* Mars
* Terre
* Mercure

Partie III

Le contenu particulier

Chapitre 6

Multimédia

Objectifs du chapitre

À la fin de ce chapitre, vous devriez être capable de :

— insérer des tableaux ;
— gérer la fusion de ligne ou de colonne ;
— utiliser de la couleur dans votre tableau ;
— insérer des images ;
— utiliser les éléments flottants et les personnaliser ;
— créer des sous-figures.

6.1 Les tableaux

6.1.1 Généralités

LaTeX propose un environnement dédié à l'affichage de tableau. Nous utiliserons la syntaxe suivante :

```
\begin{tabular}{|c|c|c|}
\hline
Nom & Prénom & Age \\
\hline
Jordan & Michael & 37 \\
\hline
Dupond & Eric & 56 \\
\hline
\end{tabular}
```

Nom	Prénom	Age
Jordan	Michael	37
Dupond	Eric	56

L'environnement utilisé ici est `tabular`. L'argument de cet environnement (ici) `{|c|c|c|}` représente le nombre de colonnes, leur mise en page et les bordures verticales. Les différentes lettres correspondent ainsi aux mises en pages suivantes :

`c`	pour un texte centré.
`l`	pour un texte aligné à gauche.
`r`	pour un texte aligné à droite.
`p{longueur}`	pour une colonne d'une longueur donnée.
`|`	pour afficher une bordure verticale.

Ensuite, dans chaque ligne, une esperluette & changera de colonne et la commande \\ changera de ligne. Il est possible de placer une bordure horizontale entre chaque ligne avec `\hline`. En mélangeant un peu toutes ces options, nous pouvons facilement obtenir le résultat suivant :

```
\begin{tabular}{|cp{3cm}|r|}
\hline
Nom & Prénom & Age \\
\hline
Jordan & Michael & 37 \\

Dupond & Eric & 56 \\
\hline
\end{tabular}
```

Nom	Prénom	Age
Jordan	Michael	37
Dupond	Eric	56

Ici, l'argument de l'environnement définit la première colonne centrée, la deuxième d'une largeur de 3 centimètres et la dernière justifiée à droite. Il n'y a pas de `\hline` entre la deuxième et troisième ligne, donc pas de bordure horizontale. Il y a 3 bordures verticales, matérialisées par le symbole | dans la première ligne.

6.1.2 Fusions

Fusion de colonnes

La fusion de colonnes s'effectue avec la commande suivante :

```
\multicolumn{nb. de colonnes}{argument (c, l, r, p)}{texte}
```

Il s'agit d'une commande assez simple à utiliser, mais qui peut paraître un peu compliquée pour ce qui est du placement dans le tableau. En procédant par étape :

1. nous commencerons par préciser le nombre de colonnes à fusionner dans le premier argument ;
2. à la fin, les colonnes fusionnées auront le même fonctionnement qu'une cellule normale. Pour cela, nous définirons l'argument `c`, `l`, `r`, `p` vu un peu plus tôt, en n'oubliant pas les bordures éventuelles avec l'ajout de | ;
3. ensuite, il suffit de rajouter le texte de la cellule fusionnée.

Pour le placement, dans un premier temps, il suffit de choisir la ligne de la future cellule fusionnée, puis la placer en n'oubliant pas de retirer les & en trop à cause de la fusion. En reprenant l'exemple précédent :

```
\begin{tabular}{|cp{3cm}|r|}
\hline
\multicolumn{2}{|c|}{Nom et Prénom} & Age \\
\hline
Jordan & Michael & 37 \\

Dupond & Eric & 56 \\
\hline
\end{tabular}
```

Nom et Prénom		Age
Jordan	Michael	37
Dupond	Eric	56

Dans cet exemple, nous avons fusionné les deux premières colonnes de la première ligne et nous retrouvons bien le 2 en argument. Le texte est centré et bien séparé par des bordures verticales des deux côtés. Un seul & est présent sur cette ligne puisqu'il n'y a maintenant plus que deux cases.

Fusion de lignes

Pour la fusion de lignes, il sera nécessaire d'appeler l'extension `multirow`. La commande homonyme possède la syntaxe suivante :

```
\multirow{nombre de lignes}{largeur}{texte}
```

Les arguments sont les suivants :
- Le nombre de lignes à fusionner ;
- La largeur **de la colonne** comportant les lignes fusionnées, un astérisque laissera la largeur intacte ;
- Le texte.

La commande se placera dans la cellule de la première ligne à fusionner. Les lignes suivantes, selon le nombre de lignes fusionnées précisé, resteront vides dans le script.

```
\usepackage{multirow}
\index{extensions!\texttt{multirow}}
\begin{tabular}{|cp{3cm}|r|}
\hline
Nom & Prénom & sexe \\
\hline
Jordan & Michael & \multirow{3}{*}{homme} \\
Dupond & Eric & \\
Parker & Tony & \\
\hline
Anniston& Jennifer & femme \\
\hline
\end{tabular}
```

Nom et Prénom		sexe
Jordan	Michael	
Dupond	Eric	homme
Parker	Tony	
Anniston	Jennifer	femme

Case scindée

Avec l'extension `slashbox` et la commande `\backslashbox{haut}{bas}`, il est possible de scinder une cellule en deux :

```
\begin{tabular}{|c|c|}
\hline
\backslashbox{Nom}{Prénom} & Durand\\
\hline
Jordan & 14 \\

Dupond & Eric \\
\hline
\end{tabular}
```

Nom \ Prénom	Durand
Jordan	14
Dupond	Eric

6.1.3 Couleurs

Pour changer la couleur des cases du tableau, nous utiliserons l'extension `colortbl`. Il existe plusieurs commandes qui vont nous permettre de changer la couleur de fond et de police pour une ligne, une colonne ou simplement une case.

Une cellule

Pour changer la couleur de fond d'une cellule, nous utiliserons la commande suivante qui sera placée juste avant le texte, dans la cellule de notre tableau :

```
\cellcolor{Texte}
```

Pour changer la couleur de police d'une cellule, c'est exactement le même principe avec la commande suivante :

```
\color{Texte}
```

Voici un exemple des deux commandes précédentes :

```
\begin{tabular}{|l|c|c|c|}
\hline
Nom      & Prénom  & sexe & métier      \\
\hline
Anniston  & Jennifer & Femme & \cellcolor{blue}actrice\\
Parker    & \color{red} Tony & Homme & basketteur  \\
\hline
\end{tabular}
```

Nom	Prénom	sexe	métier
Anniston	Jennifer	Femme	actrice
Parker	Tony	Homme	basketteur

Dans cet exemple, le prénom *Tony* est en gris clair, car nous avons placé la commande `\color{grisclair}` dans la case correspondante.
La commande `\cellcolor{grisfonce}` permet de changer la couleur de fond de la cellule. Ces deux couleurs sont des couleurs personnalisés. Rendez-vous sur **`www.dunod.com`** pour télécharger un complément sur les couleurs.

Une ligne

Pour changer la couleur de fond d'une ligne, nous utilisons la commande suivante placée au début de la ligne.

```
\rowcolor{couleur} % qui se place au début de la ligne
```

Voici un exemple sur le tableau précédent :

```
\begin{tabular}{|l|c|c|c|}
\hline
\rowcolor{turquoise} Nom & Prénom & sexe & métier \\
\hline
Anniston & Jennifer & Femme & \cellcolor{blue} actrice \\
Parker & \color{red} Tony & Homme & basketteur \\
\hline
\end{tabular}
```

Nom	Prénom	sexe	métier
Anniston	Jennifer	Femme	actrice
Parker	Tony	Homme	basketteur

Une colonne

Changer la couleur de fond d'une colonne se fait avec la commande suivante, placée dans les options du tableau, juste avant l'argument correspondant à la colonne :

```
>{\columncolor{couleur}}
```

Pour changer la couleur de police :

```
>{\color{couleur}}
```

Voici un exemple pour comprendre le placement de la commande un peu particulier :

```
\begin{tabular}{|>{\columncolor{kaki}}l|c|c|>{\color{red}}c|}
\hline
Nom & Prénom & sexe & métier \\
\hline
Anniston & Jennifer & Femme &  actrice \\
Parker & Tony & Homme & basketteur \\
\hline
\end{tabular}
```

Nom	Prénom	sexe	métier
Anniston	Jennifer	Femme	actrice
Parker	Tony	Homme	basketteur

6.2 Les images

Pour inclure des images dans votre document, il sera nécessaire d'utiliser l'extension `graphicx`.

```
\usepackage{graphicx}
```

La commande suivante permettra d'inclure l'image en question :

```
\includegraphics{nom de l'image}
```

Pour aller plus loin

Selon si vous compilez avec `latex` ou `PDFLatex`, les formats supportés ne sont pas les mêmes. La compilation par `latex` ne vous permettra que d'inclure des images PostScript. Ainsi, si vous comptez inclure des images en JPG ou PNG, privilégiez la compilation avec `PDFLatex`.

Chemin d'accès

LaTeX ira par défaut chercher l'image dans le répertoire courant, c'est-à-dire le répertoire où se trouve le fichier `.tex`. Si l'image n'est pas dans ce répertoire, pas de panique. Il existe alors deux façons pour aller chercher l'image. Imaginons que vous ayez vos images dans un dossier lui-même dans le répertoire courant.

- Soit vous mettez le chemin d'accès directement dans la commande, en séparant par des barres / :

```
\includegraphics{dossier/nom de l'image}
```

- Sinon, vous pouvez spécifier le chemin d'accès complet dans le préambule avec la commande :

```
\graphicspath{{dossier/}}
```

Attention, le chemin est lui aussi dans des crochets, et se termine par une barre /.

Taille de l'image

La commande `\includegraphics["options"]{image}` possède de nombreuses options pour gérer la taille de l'image :

`width=x`	modifie la largeur de l'image
`height=x`	modifie la hauteur de l'image
`scale=x`	modifie l'échelle de l'image
`angle=x`	fait tourner l'image dans le sens trigonométrique
`keepaspectratio=true/false`	garde ou non le ratio de l'image

Il est également possible d'adapter l'image à la taille de la page avec la commande `\textwidth`, ou toute autre valeur prédéfinie, que nous pouvons retrouver à la section 4.1.1 de ce livre :

```
\includegraphics[width=\textwidth]{image.png}
```

Lorsque vous affichez une image, cette dernière va être placée dans le paragraphe, comme du texte. Pour pouvoir être plus libre dans le positionnement de cette dernière, il faudra utiliser les éléments flottants.

6.3 Les éléments flottants

Il peut être utile d'utiliser ce que nous appelons « éléments flottants » pour une mise en page facilitée. Il est question ici des éléments qui ne peuvent pas être insérés dans une page, comme les tableaux, figures, images etc. Pour cela, il suffira d'utiliser l'environnement `figure` ou `table`, selon l'élément à afficher.

```
\begin{figure}[paramètre de placement]
Corps de la figure, un tableau par exemple
\end{figure}
```

Les paramètres pour le placement sont les suivants :

- **h** Place le flottant à l'endroit ou il apparaît dans le code source
- **p** Place le flottant sur une page particulière réservée aux flottants
- **t** Place le flottant en haut de la page
- **b** Place le flottant en bas de la page

Pour aller plus loin

> En plaçant le caractère ! avant le paramètre, le placement est placé prioritaire vis-à-vis des paramètres de LaTeX pour une mise en page optimale.

Si vous voulez centrer tout ce qu'il y a dans l'environnement, vous pouvez utiliser les commandes vues au chapitre 5. Elles s'appliqueront uniquement à l'environnement. Par exemple, si vous voulez insérer un tableau et afficher ce dernier au centre de l'image, le code suivant suffit :

```
\begin{figure}[h]
\centering
\begin{tabular}{...}
...
\end{tabular}
\end{figure}
```

Les légendes

Il est possible d'ajouter une légende à une figure ou une table. Pour cela, il suffit d'ajouter la commande `\caption{Texte}` dans l'environnement. Selon si vous le placez avant ou après la figure, la légende apparaîtra au-dessus ou en dessous du flotteur. Si vous voulez modifier le nom donné aux flottants dans la commande `caption` (qui est par défaut avec l'extension `babel` : FIG- et TAB-), il suffit de taper dans le préambule les deux lignes suivantes :

```
\addto\captionsfrench{\def\figurename{"nouveau nom des figures"}}
\addto\captionsfrench{\def\tablename{"nouveau nom des tableaux"}}
```

Les références aux flottants

Il s'agit du même principe que dans le chapitre 7.3. Pour rappel, la commande est `\label{etiquette}` au niveau de la figure, et est appelée avec la commande `\ref`.

L'enveloppement des flottants

Il est possible d'envelopper le flottant de texte, avec l'extension `wrapfig` :

```
\begin{wrapfigure}{alignement}{largeur}
  corps de l'environnement
\end{wrapfigure}
```

L'argument `alignement` définit si la figure sera « collée » à gauche (`l`) ou à droite (`r`).

Voici un exemple :

```
%première image, un lapin, placée sur la droite (R)
\begin{wrapfigure}{R}{0.3\textwidth}
\centering
\includegraphics[width=0.25\textwidth]{lapin_chevre.jpg}
\caption{Un lapin}
\end{wrapfigure}

\kant[1] %commande permettant de placer un long texte

%Deuxième image, une vache, placée sur la gauche (L)
\begin{wrapfigure}{L}{0.3\textwidth}
\centering
\includegraphics[width=0.25\textwidth]{vache.jpg}
\caption{Une vache}
\end{wrapfigure}
\kant[2]%encore un long texte
```

FIGURE 6.1 – Un lapin

As any dedicated reader can clearly see, the Ideal of practical reason is a representation of, as far as I know, the things in themselves; as I have shown elsewhere, the phenomena should only be used as a canon for our understanding. The paralogisms of practical reason are what first give rise to the architectonic of practical reason. As will easily be shown in the next section, reason would thereby be made to contradict, in view of these considerations, the Ideal of practical reason, yet the manifold depends on the phenomena. Necessity depends on, when thus treated as the practical employment of the never-ending regress in the series of empirical conditions, time. Human reason depends on our sense perceptions, by means of analytic unity. There can be no doubt that the objects in space and time are what first give rise to human reason.

FIGURE 6.2 – Une vache

Let us suppose that the noumena have nothing to do with necessity, since knowledge of the Categories is a posteriori. Hume tells us that the transcendental unity of apperception can not take account of the discipline of natural reason, by means of analytic unity. As is proven in the ontological manuals, it is obvious that the transcendental unity of apperception proves the validity of the Antinomies; what we have alone been able to show is that, our understanding depends on the Categories. It remains a mystery why the Ideal stands in need of reason. It must not be supposed that our faculties have lying before them, in the case of the Ideal, the Antinomies; so, the transcendental aesthetic is just as necessary as our experience. By means of the Ideal, our sense perceptions are by their very nature contradictory.

Pour aller plus loin

Dans l'exemple ci-dessus, nous utilisons l'extension **kant**, qui permet d'insérer de longs paragraphes, pour tester la mise en page.

Les sous-figures

Voici tout d'abord le code correspondant à un affichage d'une figure contenant deux sous-figures :

```
\begin{figure}[H]
 \centering
 \begin{subfigure}[b]{0.45\linewidth}
     \centering
     \includegraphics[width=80mm]{vache.jpg}
     \caption{Une vache}
    \end{subfigure}%
    \hfill
 \begin{subfigure}[b]{0.45\linewidth}
     \centering
     \includegraphics[width=80mm]{lapin_chevre.jpg}
     \caption{Un lapin}
    \end{subfigure}
     \caption{Exemple de sous-figures}
\end{figure}
```

(a) Une vache

(b) Un lapin

FIGURE 6.3 – Exemple de sous-figure

Nous utilisons ici l'extension `subcaption`. Le début est le même que pour une figure normale. La différence est l'utilisation dans l'environnement `figure` d'un sous environnement `subfigure`, pouvant posséder une sous-légende.

Pour aller plus loin

Nous remarquons dans l'exemple que les sous-figures peuvent avoir leur propre légende en plus d'une légende globale.

6.4 Multimédia - Exercices

Corrections p.159

Questions récapitulatives :

1. Quel est l'environnement utilisé pour afficher un tableau ?
2. Quelle commande permet de placer une ligne horizontale ?
3. Quelles commandes permettent de respectivement fusionner des colonnes, des lignes ?
4. Comment scinder une case d'un tableau ?
5. Quelle option permet de garder ou non le ratio d'une image ?
6. Quels sont les intérêts de l'utilisation de flottants ?
7. Que permet le placement de ! devant le paramètre de placement d'un flottant ?

Exercice 1 ✠✠ :
Donner le code permettant d'afficher le tableau suivant. Supposons que nous avons défini les couleurs `bleu`, `rouge`, `blanc` et `vert` précédemment dans le script.

X	X	X	X
X	X	X	X
X	X	X	X

Exercice 2 ✠✠✠✠ :
Même question que *Exercice 1.*

<table>
<tr><td>Infos
métier</td><td colspan="2">Nom et Prénom</td><td>sexe</td></tr>
<tr><td>Basketteur</td><td>Jordan</td><td>Michael</td><td rowspan="3">homme</td></tr>
<tr><td>Comptable</td><td>Dupond</td><td>Eric</td></tr>
<tr><td>Basketteur</td><td>Parker</td><td>Tony</td></tr>
<tr><td>Actrice</td><td>Anniston</td><td>Jennifer</td><td>femme</td></tr>
</table>

Exercice 3 ✠✠ :
Donner le code permettant d'inclure une image intitulée `lapin.png` en haut de la page, avec la légende suivante : « Un lapin adulte ». L'image sera centrée et occupera la largeur du texte.

Exercice 4 ✠✠✠✠ :

Écrire le code permettant d'afficher le tableau suivant. On considèrera que la couleur est déjà définie comme `bleucobalt`.

`\times`	$\times$
`\infty`	∞
`\in`	$\in$
`\delta`	δ
`\xi`	ξ

Chapitre 7

Les gros documents

Objectifs du chapitre

À la fin de ce chapitre, vous devriez être capable de :

— séparer votre document en plusieurs fichiers ;
— inclure des fichiers PDF ;
— gérer les différentes références.

LaTeX est appréciable pour l'édition de gros documents. Par exemple, la modification d'un fichier sous LaTeX se fait *via* l'intermédiaire de l'éditeur et du fichier `.tex` plus « léger » et manipulable. Nous allons étudier dans ce chapitre la manipulation de gros documents ainsi que l'optimisation des fichiers pour pouvoir travailler plus facilement et rapidement.

7.1 La séparation en plusieurs fichiers

Si votre document comporte plusieurs parties conséquentes, ou tout simplement pour votre commodité, vous pouvez diviser votre document PDF final en plusieurs fichiers `.tex`. Dans ce cas, un fichier `.tex` sera le fichier maître, c'est-à-dire celui qui va compiler et produire le document PDF. Pour cela, il fera appel aux autres fichiers `.tex` grâce aux deux commandes suivantes :

```
\input{fichier.tex}
```

Ainsi, cette commande va simplement lire le script du fichier qu'elle appelle, à l'endroit où elle est placée dans le script maître. Il s'agit d'une sorte de grand « copier-coller » du script, mais qui tient en une seule ligne. Votre document maître sera plus lisible. Cela peut également être pratique dans le cadre d'un travail avec plusieurs auteurs ayant chacun une partie différente : vous pourrez regrouper directement les fichiers.

Pour aller plus loin

En cas d'erreur dans un des scripts importés, la console de Texmaker vous renverra directement à la bonne ligne du fichier comportant l'erreur.

7.2 Inclure des PDF

Pour inclure des fichiers PDF, il faut utiliser l'extension `pdfpages`. La commande suivante permettra d'afficher le fichier dans sa totalité :

```
\includepdf[pages=-]{fichier.pdf}
```

Pour inclure uniquement la deuxième page, la syntaxe suivante est utile :

```
\includepdf[pages={2}]{fichier.pdf}
```

Les trois premières pages seront affichées avec la syntaxe :

```
\includepdf[pages=1-3]{fichier.pdf}
```

Enfin pour réduire l'échelle :

```
\includepdf[scale=0.5, pages=1]{fichier.pdf}
```

Pour inclure plusieurs PDF sur une page du document, il faut utiliser l'option `NUP = axb`, avec `a` le nombre de colonnes et `b` le nombre de lignes.

```
\includepdf[NUP = 2x3, pages=1-6]{fichier.pdf}
```

Enfin, l'option `pagecommand` permet de donner une commande à chaque page inclue par `\includepdf`. Voici quelques exemples :

```
\includepdf[pages={2}, scale=0.5,
pagecommand=\section{Exemples}]{fichier.pdf}
\includepdf[pagecommand={\thispagestyle{empty}}]{fichier.pdf}
```

7.3 Les références

Pour pouvoir naviguer plus facilement dans un document, il est possible de citer ou de faire référence à une autre partie du document. Pour toutes ces références, il est nécessaire de compiler deux fois : une fois pour que LaTeX définisse la liste des références et une seconde fois pour les afficher.

7.3.1 Les notes de bas de page

La commande pour les notes de bas de page est `\footnote{note}` à placer après le mot annoté.

```
Née avec le XXe siècle, établie sur des bases claires à partir de
1925, la physique quantique s'est imposée comme l'outil nécessaire
pour décrire les phénomènes à l'échelle atomique (et même certains
phénomènes à plus grande échelle).\footnote{D'après Claude de Calan,
dans l'encyclopédie \textit{Universalis}.}
```

Née avec le XXe siècle, établie sur des bases claires à partir de 1925, la physique quantique s'est imposée comme l'outil nécessaire pour décrire les phénomènes à l'échelle atomique (et même certains phénomènes à plus grande échelle).[1]

7.3.2 Les label

Il est possible de faire une référence à un tableau, un chapitre, une page. Pour cela, il suffit de placer des bornes (ou étiquettes) aux endroits désirés.

```
label{nom de l'étiquette}
```

Pour l'appeler, il suffit d'utiliser la commande suivante :

```
\ref{étiquette}
```

Il est bien sûr possible de placer le `\label` dans un environnement `figure` ou `table` pour directement faire référence à la figure.

1. D'après Claude de Calan, dans l'encyclopédie *Universalis.*

7.4 Les gros documents - Exercices

Corrections p.160

Questions récapitulatives :

1. Quelle commande permet d'inclure un autre fichier `.tex` dans votre document ?
2. Quelle extension est nécessaire pour inclure des fichiers PDF ?

Exercice 1 ✠ :
Le fichier `doc.pdf` est placé dans le même répertoire que votre fichier `.tex`. Ce fichier comporte 12 pages. Donner les commandes pour :

1. Afficher toutes les pages.
2. Afficher la première page uniquement, avec une largeur de 12 cm.
3. Afficher les 6 premières pages.
4. Afficher les 3 premières pages ainsi que la septième.

Chapitre 8

La bibliographie

Objectifs du chapitre

À la fin de ce chapitre, vous devriez être capable de :

— comprendre le principe de la bibliographie dans LaTeX ;
— concevoir la base de données bibliographique de votre document ;
— afficher et utiliser la bibliographie dans votre document.

8.1 Sans Bibtex

Dans le cas d'une petite bibliographie, il peut être plus simple de la placer directement dans votre fichier `.tex` plutôt que dans un autre fichier [1]. Il est donc possible de définir sa base de données pour sa bibliographie directement dans le fichier `.tex` avec l'environnement `thebibliography` :

```
\begin{thebibliography}{2}
\bibitem{lat_comp}
Mittelbach, F. and Goossens, M. and Braams, J. and Carlisle, D.
\textit{The LATEX companion}
2004, Addison-Wesley Professional

\bibitem{capbernlapin}
Capbern, A and Giroud, Ch and Baltz, T and Mattern, P.
\textit{Trypanosoma equiperdum: étude des variations antig{\'e}niques
au cours de la trypanosomose expérimentale du lapin},
Experimental Parasitology, 1977, Elsevier
\end{thebibliography}
```

1. Voir plus bas.

Le 2 entre accolades définit le nombre maximum d'entrées de votre bibliographie. Il ne peut pas dépasser 99.

8.2 Avec Bibtex

8.2.1 Le principe

Le fonctionnement de la bibliographie dans LaTeX est plutôt simple. Vous allez vous créer une base de données, sous la forme d'un fichier `.bib`. Cette base de données regroupera plusieurs œuvres dont vous aurez besoin dans votre document. À chaque œuvre vous associerez une étiquette : il suffira d'appeler votre œuvre *via* cette étiquette dans le document `.tex`, et LaTeX se chargera d'aller la chercher et de l'afficher dans le document final.

8.2.2 La base de données

Il s'agira donc dans un premier temps de créer sa base de données. Il s'agit d'un fichier `.bib` (il suffit d'ouvrir un fichier `.txt` et de le renommer en `<nom>.bib` lors de la sauvegarde). À l'intérieur, les œuvres seront appelées en suivant la syntaxe :

```
@type_d'œuvre{étiquette,
champ1={texte},
champ2={texte},
champ3={texte},
}
```

Il suffit de recopier ce paragraphe pour chaque œuvre. Entre chaque œuvre, tout ce qui est écrit sera considéré comme commentaire. Ici, nous avons encadré le texte des champs par des accolades, mais des guillemets fonctionnent aussi. Tout est prédéfini : le type d'œuvre, les champs possibles etc. Voilà les plus importants :

Type	Commentaire	Champs disponibles
`@book`	Livre	author, title, publisher, year
`@article`	Article	author, journal, title, year, month, pages, notes
`@phdthesis`	Thèse de doctorat	title, author, school, year
`manual`	Document technique	title, author, year, organization
`misc`	Document divers	author, title, month, year, note

FIGURE 8.1 – Type d'œuvres pour les bibliographies

D'autres champs possibles

Il y a bien sûr d'autres champs possibles, nous avons ici regroupé les plus répandus et plus cohérents en fonction du type de document.

Les auteurs

Il existe plusieurs façons d'introduire l'auteur de l'œuvre. La plus simple est d'écrire « `Nom, Prénom` », mais il est également possible d'écrire « `Nom Prénom` ». La virgule est utile ici en cas de nom composé, pour faire comprendre à LaTeX la différence entre nom et prénom. Si vous voulez quand même forcer les choses, il suffit de mettre entre accolades le nom et le prénom composé. Enfin, s'il y a plusieurs auteurs, il faudra les séparer avec `and`.

```
Pitt Brad \and Damon Matt
Damon, Matt
Dupond, Jean-Michel
Dupond {Jean Michel}
```

Les majuscules

LaTeX va forcer la casse en ignorant les majuscules. Si toutefois vous désirez conserver les majuscules, encadrez avec des accolades la lettre, de la façon suivante :

```
{M}ickael {J}ackson
```

Astuce pour la base de données

Remplir correctement toutes ces informations peut sembler un peu rébarbatif. Sachez que si vous cherchez votre oeuvre sur *Google Scholar* (`https://scholar.google.fr/`), il suffit d'aller dans les paramètres et cocher, dans la partie **gestionnaire des bibliographies**, « Afficher les liens permettant d'importer des citations dans Bibtex ». Vous pourrez alors avoir accès à la bibliographie de l'oeuvre au format Bibtex. Voici un petit exemple de fichier `.bib` :

```
@book{latcomp,
  title={The LATEX companion},
  author={Mittelbach, Frank and Goossens, Michel and Braams, Johannes
  and Carlisle, David and Rowley, Chris},
  year={2004},
  publisher={Addison-Wesley Professional}
}
@article{capbernlapin,
  title={Trypanosoma equiperdum: etude des variations antig{\'e}niques
  au cours de la trypanosomose experimentale du lapin},
  author={Capbern, A and Giroud, Ch and Baltz, T and Mattern, P},
  journal={Experimental Parasitology},
  volume={42},
  number={1},
  pages={6--13},
  year={1977},
  publisher={Elsevier}
}
@misc{alimvache,
  title={Alimentation des vaches laiti{\`e}res},
  author={Faverdin, Philippe and Delagarde, Remy and Delaby, Luc and
  Meschy, Francois},
  year={2010},
  publisher={Editions Quae}
}
```

8.2.3 L'utilisation dans le texte

La mise en place

Maintenant que vous avez votre propre base de données composée des œuvres que vous allez citer, voyons comment introduire la bibliographie dans votre fichier principal. Il suffira dans un premier temps de mettre les deux commandes suivantes à l'endroit où vous voudrez afficher votre bibliographie. LaTeX va alors créer une page, intitulée *Références* ou *Bibliographie* selon la classe du document, de façon similaire aux tables ou figures. Voyons un exemple, en reprenant la bibliographie précédente.

```
\begin{document}
Les vaches se nourrissent donc ainsi principalement d'herbes. Les
lapins quant à eux, et surtout lors de leur trypanosome expérimental,
se nourrissent plutôt de paille.
\bibliographystyle{}
\bibliography{base_données.bib}
\end{document}
```

bibliography

Cette commande permet de définir la base de données. Il suffit de mettre le nom du fichier `.bib` dedans et, comme pour les images avec `includegraphics`, LaTeX va aller chercher le fichier dans le répertoire courant (ou dans celui précisé comme nous avons vu pour les images, voir 6.2).

bibliographystyle

Cette commande va permettre de définir le style d'affichage pour la bibliographie. Ensuite, pour faire référence à ces documents dans le texte, il suffira d'utiliser la commande `\cite{étiquette}`. Si vous souhaitez afficher un document dans votre bibliographie sans le citer, vous pouvez utiliser `\nocite{étiquette}`.

```
\begin{document}

Les vaches se nourrissent donc ainsi principalement d'herbes
\cite{alimvache}. Les lapins quant à eux, et surtout lors de leur
trypanosome expérimental, se nourrissent plutôt de paille
\cite{capbernlapin}.

\nocite{latcomp}
\bibliographystyle{}

\bibliography{base_données.tex}

\end{document}
```

Différents styles de bibliographie

Une liste de différents styles de bibliographie est présentée en annexe A.

8.2.4 Compiler correctement

La bibliographie nécessite une compilation un peu particulière. C'est le même principe que pour les références. En effet, le fichier `.tex` va décomposer le travail en enregistrant les références (ici les documents de votre bibliographie) dans un fichier intermédiaire, puis en affichant dans votre document final. Il faut donc dans un premier temps compiler deux fois le document LaTeX. De cette façon, LaTeX va récupérer la liste des références dans notre fichier `.bib`. Ensuite, il s'agira de compiler sous Bibtex pour « lire »les références. Enfin, recompiler en LaTeX pour les afficher sous forme de bibliographie. Donc :

— LaTeX×2
— Bibtex
— LaTeX

8.3 La bibliographie - Exercices

Corrections p.161

Questions récapitulatives :

1. Quel est le format d'un fichier de bibliographie ?
2. Comment conserver les majuscules dans ce fichier ?
3. Quelle commande permet de définir le style de bibliographie ?
4. Quelles sont les trois étapes pour compiler un fichier `.tex` avec une bibliographie ?

Exercice 1 ✠ :
Créer une entrée de base de données pour un article scientifique nommé « Le lait d'amande : bon pour la santé ? », publié dans le douzième numéro du journal *Questions de santé* en 2018. Cet article à été écrit par M. Dupond Antoine, publié par les éditions *Bonnemaison* et l'article apparaît pages 3 à 7.

Chapitre 9

Introduction à Beamer

Objectifs du chapitre

À la fin de ce chapitre, vous devriez être capable de :

- comprendre la structure d'un fichier Beamer ;
- gérer les titres et tables de vos slides ;
- modifier les marges et le fond de vos slides ;
- créer différents blocs ;
- comprendre et savoir utiliser les éléments de navigation ;
- gérer les liens dans votre document ;
- créer des boutons pour naviguer dans la présentation ;
- gérer la commande pause ;
- comprendre le fonctionnement et utiliser les *overlays* dans votre présentation.

LaTeX permet de créer des documents, comme des articles scientifiques ou encore des livres. Mais il est également possible d'effectuer des diaporamas, avec Beamer. L'idée générale ne change pas beaucoup entre un diaporama et un document comme un article. Si vous avez des bases en LaTeX (si vous n'en avez pas encore et que vous êtes directement passé à ce chapitre, il est sûrement préférable d'aborder les parties précédentes), vous allez vite vous familiariser avec Beamer. Dans ce chapitre, nous allons commencer par un exemple complet, de quelques *slides*, et traiter ensuite les éléments intrinsèques à Beamer. Cela permettra de bien visualiser le principe, et d'avoir un exemple simple sous les yeux.

9.1 Exemple

9.1.1 Le script

```
\documentclass[11pt]{beamer}
\usetheme{Warsaw}
\usepackage[utf8]{inputenc}
\usepackage[french]{babel}
\usepackage[T1]{fontenc}
\usepackage{graphicx}
\author{Erwan Gautrelet}
\title{Le théorème de Pythagore}
\deftranslation[to=french]{Theorem}{théorème}
\deftranslation[to=french]{Definition}{définition}
\deftranslation[to=french]{proof}{démonstration}
\logo{\includegraphics[width= 2cm]{images/vache} }
%\institute{}
%\date{}
%\subject{}

\definecolor{couleur_fond}{RGB}{166, 166, 166}
\begin{document}

\begin{frame}
\titlepage
\end{frame}

\section{Introduction}
\begin{frame}
\tableofcontents[currentsection]
\end{frame}


\section{Généralités}

\begin{frame}{Pythagore}
 \begin{theorem}
 Dans un triangle rectangle, le carré de la longueur de l'hypoténuse
 est égal à la somme des carrés des longueurs des deux autres côtés
 \end{theorem}
 \hyperlink{triangles}{\beamerbutton{Vers triangle}}
 \pause
 \begin{proof}
 Il est possible de le démontrer avec des égalités d'aires, ou avec le
 produit scalaire.
 \end{proof}

 \pause[4]

 \begin{exampleblock}{Réciproque}
 Si $AB^2 = AC^2 + BC^2$ alors le triangle $ABC$ est rectangle en $C$.
```

```
\end{exampleblock}

\end{frame}

\begin{frame}{Les triangles}
\label{triangles}
\begin{columns}[t]

\begin{column}{5cm}
\begin{block}{Triangle rectangle}
Un triangle rectangle est un triangle dont l'un des angles est droit.
\end{block}
\end{column}
\only<2>{
\begin{column}{5cm}
\begin{block}{Triangle isocèle}
Triangle ayant au moins deux côtés de même longueur.
\end{block}
\end{column}}

\end{columns}

\end{frame}

\section{Généralisation}

\setbeamertemplate{background canvas}[vertical shading][top=white,
bottom=gray]
\setbeamercolor{boiterouge}{bg=red, fg=white}
\setbeamercolor{boitenormale}{bg=white, fg=blue}

\begin{frame}{La dernière diapo}
Il est possible de généraliser le théorème avec la loi d'Al-Kashi :
\[c^2=a^2+b^2 - 2\cdot a \cdot b \cdot \cos \gamma \]

\begin{beamerboxesrounded}[upper=boiterouge, lower=boitebleu,
shadow=false]{On note:}
Si $\gamma$ est nulle, nous retrouvons Pythagore!
\end{beamerboxesrounded}

\end{frame}
\end{document}
```

9.1.2 Le rendu

Le théorème de Pythagore

Erwan Gautrelet

8 octobre 2019

1. Introduction

2. Généralités

3. Généralisation

Pythagore

théorème

Dans un triangle rectangle, le carré de la longueur de l'hypoténuse est égal à la somme des carrés des longueurs des deux autres côtés

Vers triangle

Pythagore

théorème

Dans un triangle rectangle, le carré de la longueur de l'hypoténuse est égal à la somme des carrés des longueurs des deux autres côtés

Vers triangle

Démonstration.

Il est possible de le démontrer avec des égalités d'aires, ou avec le produit scalaire. □

Pythagore

théorème

Dans un triangle rectangle, le carré de la longueur de l'hypoténuse est égal à la somme des carrés des longueurs des deux autres côtés

Vers triangle

Démonstration.

Il est possible de le démontrer avec des égalités d'aires, ou avec le produit scalaire. □

Pythagore

théorème

Dans un triangle rectangle, le carré de la longueur de l'hypoténuse est égal à la somme des carrés des longueurs des deux autres côtés

Vers triangle

Démonstration.

Il est possible de le démontrer avec des égalités d'aires, ou avec le produit scalaire. □

Réciproque

Si $AB^2 = AC^2 + BC^2$ alors le triangle ABC est rectangle en C.

Les triangles

Triangle rectangle

Un triangle rectangle est un triangle dont l'un des angles est droit.

Les triangles

Triangle rectangle

Un triangle rectangle est un triangle dont l'un des angles est droit.

Triangle isocèle

Triangle ayant au moins deux côtés de même longueur.

La dernière diapo

Il est possible de généraliser le théorème avec la loi d'Al-Kashi :

$$c^2 = a^2 + b^2 - 2 \cdot a \cdot b \cdot \cos \gamma$$

On note :

Si γ est nulle, nous retrouvons Pythagore !

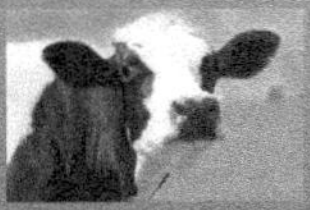

9.2 La structure

9.2.1 Thème et classe

La structure générale reste quasiment la même que celle d'un document standard, cependant le préambule commence par :

```
\documentclass[options]{beamer}
\usetheme{Warsaw}
```

La classe de document devient donc `beamer`, et il faut choisir un thème d'affichage. Pour les thèmes, il en existe plusieurs, avec différentes couleurs, options d'affichage etc. Différents thèmes `Beamer` sont présentés en annexe D.

9.2.2 La page de titre

Il est ici possible, comme pour les documents normaux, de définir une page de titre par LaTeX. La commande est `\titlepage`. Il existe plus d'options dans le préambule :

`author` Comme pour les documents normaux, avec `\and` pour séparer les auteurs si il y en a plusieurs.

`title` Le titre du document.

`logo` Une petite image qui va s'afficher en bas à droite de toutes vos diapos.

`institute` L'institution, comme votre école ou votre entreprise.

`date` Comme précédemment, pour plus d'infos, allez voir 3.3.

`subject` Le sujet de votre diaporama.

9.2.3 Les *frames*

Sur l'exemple, vous voyez que le corps de document se situe, comme pour un document normal, dans l'environnement `document`. Un document `Beamer` est constitué de `frames`. L'environnement suivant, à placer dans le corps du document, va créer une `frame` :

```
\begin{frame}{Titre}
\end{frame}
```

Il est également possible de préciser titre et sous-titre sous cette forme :

```
\begin{frame}
\frametitle{Titre}
\framesubtitle{Sous-titre}
\end{frame}
```

Pour aller plus loin

Attention à la différence entre *slide* et *frame*. Une *frame* est l'élément qui va être défini avec l'environnement **`frame`** de LaTeX. Une *slide* est l'élément que vous affichez à l'écran entre chaque clic de souris.
Ainsi, une *frame* peut être composée de plusieurs *slides*. La traduction française de *slide* est diapositive. Nous utilisons ici le terme anglais pour la cohérence avec les différentes commandes.

9.2.4 Le découpage en `sections`

Le découpage en sections se fait comme pour un document classique. Seule différence, les titres sont placés en dehors des *frames*.

9.2.5 La table des matières

Le sommaire (ou table des matières) occupe une place plus importante dans le cadre d'une présentation. En effet, vous pourriez décider d'afficher votre sommaire entre chaque partie pour rendre plus claire votre présentation. Pour cela, la table des matières peut prendre plusieurs options. Nous l'appellerons de cette façon :

```
\tableofcontents[options...]
```

Les différentes options sont :

currentsection Affichera la section en cours, ainsi que la sous-section, toutes les autres seront transparentes.

currentsubsection Affichera la sous-section en cours, toutes les autres seront transparentes.

hideallsubsections N'affichera plus les sous-sections.

hideotherssubsections N'affichera plus les sous-sections qui ne sont pas en cours.

Encore une fois, il est conseillé de tester ces différentes options pour choisir la plus adaptée.

9.2.6 Le corps de page

Vous pouvez décider de changer l'alignement du texte dans vos *slides* (par défaut, le texte est centré verticalement) dans la définition de classe du document :

```
\documentclass[t]{beamer}
```

Avec l'argument qui peut prendre les valeurs suivantes :

t Aligné en haut.

t Aligné en bas.

t centré verticalement.

9.2.7 Les marges

Vous pouvez modifier les marges latérales avec la commande :

```
\setbeamersize{text margin left = 0.5cm , text margin right = 0.5cm }
```

9.2.8 Le fond

Fond en couleur

Pour changer la couleur du fond, la commande suivante pourra se placer à n'importe quel moment dans le texte :

```
\setbeamercolor{background canvas}{bg = (couleur)}
```

Fond dégradé

Pour un dégradé vertical entre deux couleurs :

```
\setbeamertemplate{background canvas}[vertical shading]{top =
(couleur), bottom=(couleur)}
```

Cette commande est présente dans la dernière *slide* de l'exemple.

Fond en image

Pour mettre une image en arrière-plan :

```
\setbeamertemplate{background
canvas}{\includegraphics[width=\paperwidth, height=\paperheight]{image
de fond}}
```

Les deux options dans le `includegraphics` permettent de s'assurer que l'image recouvrira toute la page.

9.3 Les boîtes

9.3.1 Les différents types

Il est possible d'utiliser des environnements particulièrement adaptés aux présentations, les boîtes (`block`). Voici la syntaxe pour une boîte classique :

```
\begin{block}{Nom du block}
Texte à l'intérieur
\end{block}
```

La boîte va s'adapter au thème de la présentation. Il existe également d'autres types de boîtes, ayant chacune une couleur particulière :

```
\begin{alertblock}{Bloc alerte}
Pour une information importante
\end{alertblock}

\begin{exampleblock}{Un bloc exemple}
Pour un exemple
\end{exampleblock}
```

Les boîtes correspondant aux différents environnements mathématiques sont également présentes :

```
\begin{definition}
Une définition.
\end{definition}

\begin{example}
Suivi d'un exemple.
\end{example}

\begin{theorem}
Ou encore un théorème.
\end{theorem}

\begin{proof}
Suivi de sa démonstration.
\end{proof}
```

9.3.2 Personnaliser les boîtes

Ombre

Automatiquement, une ombre apparaît derrière chaque boîte. Il est possible de la retirer avec la commande :

```
\setbeamertemplate{blocks}[rounded][shadow=false]
```

Nous retrouvons dans l'exemple du début ce type de commande.

Disposition en plusieurs colonnes

Les boîtes peuvent se disposer en plusieurs colonnes, rendant plus agréable la *slide*. Un environnement global `columns` contiendra plusieurs colonnes définies par l'environnement `column`.

```
\begin{columns}[b]

\begin{column}{2cm}
\begin{block}{Bloc n1}
Texte du bloc n1.
\end{block}
\end{column}

\begin{column}{2cm}
\begin{block}{Bloc n2}
Texte du bloc n2, un peu plus long celui-ci pour voir les alignements.
\end{block}
\end{column}

\end{columns}
```

Les options pour l'environnement global `columns` sont les suivantes :

c Colonnes centrées les unes par rapport aux autres.

t Colonnes alignées sur la ligne du haut.

b Colonnes alignées sur la ligne du bas.

9.3.3 Créer ses propres boîtes

Il est possible de créer ses propres boîtes pour pouvoir être plus libre, notamment en matière de couleurs. En effet, les couleurs des boîtes changent avec le thème. Ici, la couleur restera celle que vous avez définie. La commande est la suivante :

```
\begin{beamerboxesrounded}[options]{Titre de la boîte}
Texte
\end{beamerboxesrounded}
```

Les trois principales options sont les suivantes :

shadow = true/false Affichage de l'ombre ou non.

upper Prise en charge de la couleur du texte et du fond pour le titre.

lower Prise en charge de la couleur du texte et du fond dans la boîte.

Pour les deux dernières options, il va falloir définir un couple de couleurs (pour le texte et pour le fond). La commande est la suivante :

```
\setbeamercolor{couple1}{bg=(couleur du fond), fg=(couleur du texte)}
```

Ce qui donne par exemple :

```
\setbeamercolor{titre}{bg=couleur du fond, fg=blanc}
\setbeamercolor{texte}{bg=gris, fg=noir}
(...)
\begin{beamerboxesrounded}[shadow = true, upper = titre, lower =
texte]{Titre de la boîte}
Texte
\end{beamerboxesrounded}
```

9.4 Les éléments de navigation

Nous traiterons dans cette section la configuration de la barre de navigation. Nous aborderons également les différents liens qu'il est possible de rajouter dans un diaporama pour faciliter les déplacements.

9.4.1 La barre de navigation

La barre de navigation est affichée automatiquement par `Beamer`. Présente en bas de chaque *slide*, elle permet de se déplacer plus facilement dans le diaporama. Si cette barre ne vous intéresse pas, vous pouvez d'ores et déjà la supprimer en ajoutant l'option `handout` dans la déclaration de classe.

```
\documentclass[handout]{beamer}
```

Les symboles

La barre affichée par défaut est celle-ci :

FIGURE 9.1 – Barre de navigation

Les symboles présents sont les suivants, de gauche à droite :

slide Les flèches de gauche et droite permettent de changer de *slide*. En cliquant au milieu, une fenêtre s'ouvrira et vous pourrez choisir la *slide* désirée.

frame Même action, mais avec les *frames*. Attention, une *frame* peut contenir plusieurs *slides* !

Sous-sections Même chose, mais pour changer de sous-section.

Sections Idem avec les sections.

Icône de navigation La partie de gauche va accéder au début du diaporama, la partie de droite à la fin, juste avant l'annexe. En recliquant une seconde fois, nous arriverons à la fin du diaporama.

Recherche et avant-arrière Les flèches permettent de revenir à la dernière *slide* affichée. C'est l'équivalent du « précédent » et « suivant »La loupe permet de chercher un mot en particulier.

Configuration

Vous pouvez supprimer certaines de ces icônes si vous le désirez. La commande qui va afficher la barre est la suivante :

```
\setbeamertemplate{navigation symbols}{%
\insertslidenavigationsymbol %changement de \emph{slide}
\insertframenavigationsymbol %changement de frame
\insertsubsectionnavigationsymbol %changement de sous-section
\insertsectionnavigationsymbol %changement de section
\insertdocnavigationsymbol %icone de navigation
\insertbackfindforwardnavigationsymbol %Recherche, avant et arrière
}
```

9.4.2 Les liens hypertextes

Liens prédéfinis

Une autre façon de passer d'une *slide* à une autre est la création de liens dans le document. Dans un premier temps, il existe plusieurs liens prédéfinis :

— `\hyperlinkslideprev{Texte}` : Va au début de la section en cours ;
— `\hyperlinkslidenext{Texte}` : Va à la fin de la section en cours de lecture ;
— `\hyperlinkframestartnext{Texte}` : Va à la slide suivante ;
— `\hyperlinkframeendprev{Texte}` : Va à la slide précédente ;
— `\hyperlinksectionstartnext{Texte}` : Va à la section suivante ;
— `\hyperlinksubsectionstartnext{Texte}` : Va à la sous-section suivante ;
— `\hyperlinksectionendprev{Texte}` : Va à la section précédente ;
— `\hyperlinksubsectionendprev{Texte}` : Va à la sous-section précédente ;

— `\hyperlinkpresentationned{Texte}` : Va à la première section ;
— `\hyperlinkappendixstart{Texte}` : Va au début de l'annexe ;
— `\hyperlinkappendixend{Texte}` : Va à la fin de l'annexe ;
— `\hyperlinkdocumentstart{Texte}` : Va au début de la présentation.

Il faudra tout de même penser à mettre en valeur ces éléments, car les commandes précédentes n'afficheront que du texte normal.

Liens avec cibles

Le principe est assez simple. Comme pour les références, vous allez définir des étiquettes (`label`) dans la *frame* désirée, et créer un lien vers cette étiquette dans une autre *frame*. La cible se définit de la façon suivante :

```
\begin{frame}[label=nom_cible]

\end{frame}
```

Et est appelée comme ceci :

```
\hyperlink{nom_cible}{Texte}
```

Boutons Il est possible d'afficher un bouton plutôt que du texte simple. Pour cela, les commandes suivantes se placent là où vous voulez insérer votre texte :

```
\beamerbutton{Bouton}
\beamergotobutton{Page suivante}
\beamerskipbutton{Saut de page}
\beamerreturnbutton{Retour}
```

Ce qui donne :

FIGURE 9.2 – Types de bouton

Un bouton est présent dans l'exemple du début de ce chapitre, permettant d'aller vers la *slide* sur les triangles.

9.5 Rendre son diaporama plus vivant

9.5.1 La commande pause

Lors d'une présentation avec un diaporama, il peut être intéressant de diviser une *frame* en plusieurs *slides*, pour pouvoir afficher point par point. C'est la vocation de la commande `\pause`.

La commande

L'utilisation de la commande est plutôt simple. Vous placez `\pause` avant chaque élément que vous voulez utiliser. Voici un exemple :

```
\begin{frame}
Question: Quel bruit fait le chat? (ce texte apparaîtra dès le début)
\pause
Réponse: Il miaule. (Ce texte apparaîtra après un clic de souris)
\end{frame}
```

La commande avec les options

Il est également possible de préciser le nombre de clics nécessaire pour afficher le texte suivant :

```
\pause[nombre de clics]
```

Pour bien comprendre, le chiffre placé en option représente le nombre de clics de souris que vous allez devoir faire. Voici une reprise de l'exemple précédent :

```
\begin{frame}
Question: Quel bruit fait le chat? (ce texte apparaîtra dès le début)
\pause
Réponse: Il miaule. (Ce texte apparaîtra après un clic de souris)
\pause[2]
Exercice suivant! (Ce texte apparaîtra après le deuxième clic)
\end{frame}
```

Dans l'exemple du début, au niveau de la diapositive sur le théorème de Pythagore, il y a un `\pause[4]`. Pour afficher la réciproque, il faut bien 4 clics.

9.5.2 Les commandes *overlays*

Fonctionnement

Pour avoir plus de flexibilité et de contrôle sur les différentes commandes, `Beamer` va utiliser les *overlays*. Ces dernières sont des commandes qui permettent d'afficher plus d'informations sur la *frame* (en créant une nouvelle *slide*) en fonction des actions de l'utilisateur. Le schéma suivant reprend le principe et introduit la notion d'*action*. Il s'agit du numéro de *slide*, pour une *frame* donnée.

Le fonctionnement des actions est le suivant :

3 La commande apparaît dans la troisième *slide* uniquement.

1- La commande apparaît dans la première. *slide* et toutes les *slides* suivantes

1,3 Première et troisième *slides*.

1, 3- Première *slide* et toutes les *slides* à partir de la troisième.

Les commandes

only
Cette commande va insérer votre texte uniquement l'action demandée.

```
\only<action>{Code}
```

visible
Cette commande va rendre visible votre texte à l'action demandée.

```
\visible<action>{Code}
```

invisible
Cette commande va rendre invisible votre texte à l'action demandée.

```
\invisible<action>{Code}
```

uncover
Cette commande va ajouter votre texte à l'action demandée.

```
\uncover<action>{Code}
```

alt
Plus intéressante, cette commande va prendre deux arguments : un texte qui va s'afficher pendant l'action demandée, un autre pour les autres *slides* non spécifiées.

```
\alt<action>{Code pendant l'action}{Code aux autres slides}
```

temporal
Même principe que `alt`, mais en spécifiant avant et après l'action.

```
\temporal<action>{Code avant}{Code pendant}{Code après}
```

Nous retrouvons la commande `\only` dans l'exemple du début de chapitre. L'action est `<2>`, donc la boîte s'affiche bien sur la deuxième *slide* de la *frame* `triangle`.

9.6 Introduction à `Beamer` - Exercices

Corrections p.161

Questions récapitulatives :

1. Quelle est la commande pour modifier le fond de la slide en bleu ?
2. Quels sont les types de boîtes que vous pouvez utiliser nativement dans LaTeX ?
3. Est-il possible de supprimer la barre de navigation ?
   (a) Si oui, comment ?
4. De quelle façon pouvons-nous rendre un lien plus visible ?
5. À quoi correspond le numéro 2 dans la commande `\pause[2]` ?

Exercice 1 ✠ :
Donner la commande permettant de placer un dégradé vertical jaune (en haut) et vert comme fond de votre diaporama.

Exercice 2 ✠✠✠ :
Créer une nouvelle boîte sans ombre, avec un titre noir sur fond bleu et un texte rouge sur fond blanc.

Exercice 3 ✠✠ :
Écrire le script d'une *slide* qui va poser une question, afficher un indice au premier clic et qui va remplacer cet indice au deuxième clic en affichant la réponse.

Partie IV

Les sciences dans LaTeX

Chapitre 10

Les mathématiques

Objectifs du chapitre

À la fin de ce chapitre, vous devriez être capable de :

— utiliser les différents environnements mathématiques ;
— utiliser la syntaxe de base des mathématiques ;
— vous servir des différents symboles, lettres et fonctions mathématiques ;
— comprendre le fonctionnement des flèches ;
— créer des matrices ;
— utiliser les gros opérateurs ;
— comprendre le fonctionnement des environnements pour les équations, démonstrations et théorèmes.

LaTeX se démarque essentiellement pour sa grande puissance pour l'écriture scientifique, notamment mathématique. Nous allons aborder ce chapitre de façon progressive, ajoutant à chaque fois une couche de commandes permettant d'écrire de plus en plus de choses en langage mathématique.

10.1 Le B.A-BA des mathématiques dans LaTeX

10.1.1 Les environnements mathématiques

Pour écrire en italique dans LaTeX, vous utilisez un environnement. Vous allez indiquer au compilateur une zone telle que tous les caractères à l'intérieur de celle-ci seront en italique. Pour les mathématiques, c'est le même principe. Vous allez indiquer un environnement où le compilateur ne *lira* pas du texte, mais une formule mathématique. Pour cela, il existe plusieurs façons dans LaTeX. Pour information, les formules mathématiques sont écrites en vert dans le script si vous utilisez Texmaker.

Les mathématiques en ligne

La première façon d'écrire une formule est de l'introduire dans une phrase, comme du texte, par exemple $\pi = 3.1415...$. Pour cela, il suffit d'utiliser `$...$`. Voici un exemple :

```
Voici un exemple ou nous allons
introduire une formule:
$(a+b)^2=a^2 +2\cdot a \cdot b +
b^2$ tout en continuant la
phrase.
```

Voici un exemple ou nous allons introduire une formule : $(a+b)^2 = a^2 + 2 \cdot a \cdot b + b^2$ tout en continuant la phrase.

Les mathématiques sous forme de formule séparée

Vous pouvez aussi écrire une formule avec `\[...\]`. Cette commande va aller à la ligne et écrire la formule au centre de la page. Cette méthode est intéressante si vous voulez mettre en valeur une formule. Cela donne :

$$(a+b)^3 = a^3 + 3a^2b + 3ab^2 + b^3$$

Dans le script, il suffit donc d'écrire le code suivant pour afficher une formule de cette façon :

```
Nous retrouvons l'identité
remarquable:

\[ (a+b)^3= a^3+3a^2b+3ab^2+b^3\]
```

Nous retrouvons l'identité remarquable :

$$(a+b)^3 = a^3 + 3a^2b + 3ab^2 + b^3$$

Les équations

Enfin, il est possible d'intégrer des mathématiques sous forme d'équation avec l'environnement `equation`, comme ceci :

```
\begin{equation}
f(x) = 0 \iff x = 1
\end{equation}
```

$$f(x) = 0 \iff x = 1 \qquad (10.1)$$

Cette méthode pour les équations est la méthode de base, elle peut être personnalisée, c'est l'objet du chapitre 10.4.

10.1.2 La syntaxe de base

En haut et en bas

De manière générale, pour mettre un exposant à une variable ou à un chiffre, il faut utiliser l'accent circonflexe ^. Pour mettre en indice, l'underscore _ .

```
(U_n) = 4^n + 3.14^{n+1}
```

$$(U_n) = 4^n + 3.14^{n+1}$$

Nous remarquons que les accolades sont nécessaires seulement s'il y a plus d'un caractère à mettre en exposant. Il est également possible de mettre un pré indice ou un pré exposant avec la commande `\prescript` qui s'utilise de la façon suivante :

```
\prescript{pré exposant}{pré indice}{Caractère central}
```

Ce qui donne par exemple ${}^{e}_{i}X$.

Du texte dans la formule

Du texte brut dans un environnement mathématique est affiché en italique, comme ceci par exemple : *texte*. Il est possible de passer outre avec la commande `\text{}` :

```
(U_n)_{n\in N} \quad \text{avec} \quad n_0=1
```

$$(U_n)_{n\in N} \quad \text{avec} \quad n_0=1$$

Les espaces mathématiques

Dans un environnement mathématique, il n'y a pas d'espaces créées automatiquement. Dans l'exemple précédent, nous avons utilisé `\quad`. Les espaces se rajoutent à la main avec les correspondances suivantes :

`\,`	$a\,b$
`\:`	$a\:b$
`\;`	$a\;b$
`\!`	$a\!b$
`\quad`	$a\quad b$
`\qquad`	$a\qquad b$

Tableau 10.1 – Les espaces mathématiques

10.1.3 Les symboles, opérateurs, alphabets de base

Les opérateurs

Pour inclure des opérateurs dans vos formules, il suffira d'utiliser la commande correspondante dans votre environnement mathématique, rien de plus simple. Voici une liste non exhaustive des plus utilisés :

`=`	$=$	`\mp`	$\mp$
`\times`	$\times$	`\oplus`	$\oplus$
`\pm`	$\pm$	`\otimes`	$\otimes$
`\div`	$\div$	`\pm`	$\pm$
`+`	$+$	`\vee`	$\vee$
`-`	$-$	`\cup`	$\cup$
`\frac{a}{b}`	$\frac{a}{b}$	`\cap`	$\cap$
`\sqrt{a}`	$\sqrt{a}$		

Tableau 10.2 – les opérateurs mathématiques de base

`\star`	$\star$
`\circ`	$\circ$
`\amalg`	$\amalg$
`\vartriangle`	$\vartriangle$
`\lhd`	$\lhd$
`\rhd`	$\rhd$
`\rtimes`	$\rtimes$
`\ltimes`	$\ltimes$

Tableau 10.3 – les symboles spéciaux mathématiques

Nous allons maintenant nous intéresser aux fractions et aux produits binomiaux. Ces deux éléments disposent d'un affichage *dans le texte* (avec `$...$`) et d'un affichage *en équation* (avec `\[...\]`). Vous pouvez donc choisir parmi les trois commandes suivantes la façon dont vous voulez les afficher :

code	`$...$`	`\[...\]`	code	`$...$`	`\[...\]`
`\frac{x}{y}`	$\frac{x}{y}$	$\displaystyle\frac{x}{y}$	`binom{x}{y}`	$\binom{x}{y}$	$\displaystyle\binom{x}{y}$
`\tfrac{x}{y}`	$\tfrac{x}{y}$	$\tfrac{x}{y}$	`tbinom{x}{y}`	$\tbinom{x}{y}$	$\tbinom{x}{y}$
`\dfrac{x}{y}`	$\dfrac{x}{y}$	$\dfrac{x}{y}$	`dbinom{x}{y}`	$\dbinom{x}{y}$	$\dbinom{x}{y}$

Tableau 10.4 – Fractions et binômes

Les symboles

Les symboles fonctionnent exactement comme les opérateurs, il suffit de taper la commande correspondante dans le script pour les afficher.

`\infty`	∞	`\forall`	$\forall$	`neg`	$\neg$
`exists`	$\exists$	`\exists!`	$\exists!$	`\wp`	$\wp$
`\partial`	∂	`\varnothing`	$\varnothing$	`\wr`	$\wr$
`\ell`	ℓ	`nabla`	∇	`\amalg`	$\perp$
`\aleph`	$\aleph$	`beth`	$\beth$	`top`	$\top$
`\gimel`	$\gimel$	`\daleth`	$\daleth$	`\wedge`	$\wedge$

Tableau 10.5 – Symboles usités

L'alphabet grec

L'alphabet grec est aussi également très utilisé en mathématiques. Pour les lettres majuscules, il suffira de mettre en majuscule la première lettre :

Exemple : `\pi`$\rightarrow \pi$ alors que `\Pi`$\rightarrow \Pi$

α	`\alpha`	κ	`\kappa`	τ	`\tau`
β	`\beta`	$\varkappa$	`\varkappa*`	υ	`\upsilon`
γ	`\gamma`	λ	`\lambda`	ϕ	`\phi`
δ	`\delta`	μ	`\mu`	φ	`\varphi*`
ϵ	`\epsilon`	ν	`\nu`	χ	`\chi`
ε	`\varepsilon*`	ξ	`\xi`	ψ	`\psi`
ζ	`\zeta`	π	`\pi`	ω	`\omega`
η	`\eta`	ϖ	`\varpi*`		
θ	`\theta`	ρ	`\rho`		
ϑ	`\vartheta*`	σ	`\sigma`		
ι	`\iota`	ς	`\varsigma*`		

Tableau 10.6 – l'alphabet grec

Remarque : Pour les caractères signalés par un astérisque, il faudra utiliser l'extension `amssymb`.

Les fonctions de base

LaTeX possède également des commandes pour les fonctions usuelles. Voici les principales :

$\cos$	\cos	$\ln$	\ln	$\arg$	\arg
$\sin$	\sin	$\log$	\log	$\ker$	\ker
$\tan$	\tan	$\exp$	\exp	$\lim$	\lim
$\arccos$	\arccos	$\tanh$	\tanh	$\liminf$	\liminf
$\arcsin$	\arcsin	$\min$	\min	$\limsup$	\limsup
$\arctan$	\arctan	$\max$	\max	$\varliminf$	\varliminf
$\cot$	\cot	$\sup$	\sup	$\varlimsup$	\varlimsup
$\coth$	\coth	$\inf$	\inf	$\varinjlim$	\varinjlim
$\cosh$	\cosh	$\det$	\det	$\varprojlim$	\varprojlim
$\sinh$	\sinh	$\dim$	\dim		

Tableau 10.7 – les fonctions usuelles

Pour définir de nouvelles fonctions, il est possible d'utiliser la commande :

```
\DeclareMathOperator{\fonc}{fonc}
```

Par exemple si nous voulons utiliser la fonction $\operatorname{cosinus} x$, nous pourrons écrire la commande :

```
\DeclareMathOperator{\cosin}{cosinus}
```

Et l'utiliser de la façon suivante :

```
\cosin x
```

$\operatorname{cosinus} x$

10.2 Éléments utiles en mathématiques

10.2.1 Les flèches

Voici un tableau recensant de nombreuses flèches utilisées par LaTeX :

$\to$	`\to`	$\mapsto$	`\mapsto`
$\implies$	`\implies`	$\iff$	`\iff`
$\hookrightarrow$	`\hookrightarrow`	$\twoheadrightarrow$	`\twoheadrightarrow`
$\nearrow$	`\nearrow`	$\swarrow$	`\swarrow`
$\dashrightarrow$	`\dashrightarrow`	$\nrightarrow$	`\nrightarrow`
$\rightsquigarrow$	`\rightsquigarrow`	$\mapstochar\nrightarrow$	`\mapstochar\nrightarrow`
$\Rightarrow$	`\Rightarrow`	$\Leftarrow$	`\Leftarrow`

Tableau 10.8 – Les flèches

Les flèches suivantes sont appelées flèches extensibles, car il est possible de rajouter du texte en dessous ou au-dessus. Elles utilisent les extensions **amsmath** et **mathtools**. La syntaxe est la suivante :

```
\xrightarrow[dessous]{dessus}
```

$$\xrightarrow[dessous]{dessus}$$

$\xleftarrow{}$	`\xleftarrow`	$\xrightarrow{}$	`\xrightarrow`
$\xLeftarrow{}$	`\xLeftarrow`	$\xRightarrow{}$	`\xRightarrow`
$\xrightharpoondown{}$	`\xrightharpoondown`	$\xrightharpoonup{}$	`\xrightharpoonup`
$\xleftharpoondown{}$	`\xleftharpoondown`	$\xleftharpoonup{}$	`\xleftharpoonup`
$\xhookrightarrow{}$	`\xhookrightarrow{}`	$\xrightleftharpoons{}$	`\xrightleftharpoons{}`
$\xleftrightarrow{}$	`\xleftrightarrow`	$\xLeftrightarrow{}$	`\xLeftrightarrow`
$\xmapsto{}$	`\xmapsto`	$\xhookleftarrow{}$	`\xhookleftarrow`
$\xleftrightharpoons{}$	`\xleftrightharpoons{}`		

Tableau 10.9 – Les flèches extensibles

10.2.2 Les gros opérateurs

$\int$	`\int`	$\sum$	`\sum`	$\bigcup$	`\bigcup`
$\iint$	`\iint`	$\prod$	`\prod`	$\bigcap$	`\bigcap`
$\iiint$	`\iiint`	$\coprod$	`\coprod`	$\bigvee$	`\bigvee`
$\idotsint$	`\idotsint`	$\bigoplus$	`bigoplus`	$\bigsqcup$	`\bigsqcup`
$\oint$	`\oint`	$\bigotimes$	`\bigotimes`		

Tableau 10.10 – Les grands opérateurs

Il suffira d'utiliser comme précédemment, le underscore _ et l'accent circonflexe ^ pour rajouter du texte en haut ou en bas :

```
\int_0^{\infty}f(x)dx
\sum_{k=0}^{p} U_k
```

$$\int_0^{\infty} f(x)dx$$
$$\sum_{k=0}^{p} U_k$$

10.2.3 Les matrices

Il faudra charger l'extension **amsmath** pour l'utilisation des matrices dans LaTeX. Ces dernières s'écrivent de façon assez similaire à des tableaux. Nous changerons juste le nom de l'environnement par **matrix**. Les éléments de chaque ligne seront séparés par des esperluettes et nous utiliserons la commande \\ pour sauter de ligne.

```
\begin{matrix}
a & b\\
c & d
\end{matrix}
```

$$\begin{matrix} a & b \\ c & d \end{matrix}$$

Cette syntaxe donne une matrice sans crochets sur les côtés. Pour afficher ces derniers, il suffit de changer le nom de l'environnement comme dans les exemples suivants :

matrix $\begin{matrix} a & b \\ c & d \end{matrix}$

pmatrix $\begin{pmatrix} a & b \\ c & d \end{pmatrix}$

bmatrix $\begin{bmatrix} a & b \\ c & d \end{bmatrix}$

Bmatrix $\begin{Bmatrix} a & b \\ c & d \end{Bmatrix}$

vmatrix $\begin{vmatrix} a & b \\ c & d \end{vmatrix}$

Vmatrix $\begin{Vmatrix} a & b \\ c & d \end{Vmatrix}$

Par défaut lors de l'affichage d'une matrice, le nombre maximal de colonnes est 10. Vous pouvez le changer avec la commande `\setcounter{MaxMatrixCols}{50}`.
Il existe également une syntaxe semblable, permettant d'afficher ce genre d'équation :

$$F(x) = \begin{cases} x & \text{pour } x \text{ pair} \\ x^2 & \text{pour } x \text{ impair} \end{cases}$$

Ici l'environnement **cases** est utilisé avec la syntaxe d'un tableau :

```
F(x) =
\begin{cases}
x & \text{pour $x$ pair} \\
x^2 & \text{pour $x$ impair}
\end{cases}
```

10.2.4 Délimiteurs

Les délimiteurs usuels peuvent être insérés avec les commandes suivantes :

$(\dots)$	`( \dots )`	$[\cdots]$	`[ \cdots ]`
$\lvert\cdots\rvert$	`\lvert \cdots \rvert`	$\lVert\cdots\rVert$	`\lVert \cdots \rVert`
$\langle\cdots\rangle$	`\angle \cdots \rangle`	$\lceil\cdots\rceil$	`\lceil \cdots \rceil`
$\{\cdots\}$	`\{ \cdots \}`	$\lfloor\cdots\rfloor$	`\lfloor \cdots \rfloor`

Tableau 10.11 – Délimiteurs

Pour changer la taille de ces délimiteurs, il suffira utiliser les préfixes suivants, à placer comme ceci :`\big[` donne $\big[$.

`\left`	$\left(\right)$
`\big`	$\big($
`bigl`	$\bigl($
`bigm`	$\bigm($
`\bigr`	$\bigr($
`\Big`	$\Big($
`\bigg`	$\bigg($
`\Bigg`	$\Bigg($

10.2.5 Écrire en dessous ou au-dessus

La syntaxe est la suivante :

```
\overbrace{Texte}^{haut}
```

$$\overbrace{Texte}^{haut}$$

$\overbrace{Texte}$	\overbrace	$\overbracket{Texte}$	\overbracket
$\underbrace{Texte}$	\underbrace	$\underbracket{Texte}$	\underbracket
$\overrightarrow{Texte}$	\overrightarrow	$\overleftarrow{Texte}$	\overleftarrow
$\underline{Texte}$	\underline	$\overline{Texte}$	\overline
$\overleftrightarrow{Texte}$	\overleftrightarrow		

Tableau 10.12 – En dessous ou au-dessus

Vous pouvez également placer du texte au-dessus ou en dessous d'un caractère avec les commandes suivantes :

```
\underset{texte}{=}
\overset{texte}{=}
```

$\underset{texte}{=}$

$\overset{texte}{=}$

10.3 Les théorèmes

10.3.1 La syntaxe

L'utilisation d'un environnement particulier pour les théorèmes est possible avec l'extension **amsmth**. Elle propose l'environnement **theoreme**. Conjointement, il faudra utiliser la commande suivante pour éviter un affichage du titre en anglais.

```
\newtheorem{theoreme}{Nom à donner}
```

```
\newtheorem{theoreme}{Théorème}
%
\begin{theoreme}
L'action est toujours égale à la
réaction ; c'est-à-dire que les
actions de deux corps l'un sur
l'autre sont toujours égales et
de sens contraires.
\end{theoreme}
```

Théorème 1. *L'action est toujours égale à la réaction; c'est-à-dire que les actions de deux corps l'un sur l'autre sont toujours égales et de sens contraires.*

L'environnement théorème admet une option pour pouvoir lui donner un nom. Il est à noter que cette option s'écrit entre crochets, mais après la définition de l'environnement.

```
\newtheorem{theoreme}{Théorème}
%
\begin{theoreme}[Troisième loi
de Newton]
L'action est toujours égale à la
réaction ; c'est-à-dire que les
actions de deux corps l'un sur
l'autre sont toujours égales et
de sens contraires.
\end{theoreme}
```

Théorème 2 (Troisième loi de Newton). *L'action est toujours égale à la réaction ; c'est-à-dire que les actions de deux corps l'un sur l'autre sont toujours égales et de sens contraires.*

10.3.2 Les styles de théorèmes

Il existe trois styles de théorèmes. Nous pouvons bien sûr les définir comme nous le souhaitons, voici ici un exemple d'utilisation de chaque style :

```
\theoremstyle{plain}
\newtheorem{theoreme}{Théorème}


\theoremstyle{definition}
\newtheorem{defin}{Définition}


\theoremstyle{remark}
\newtheorem{exercice}{Exercice}
```

Théorème 3 (Troisième loi de Newton). *L'action est toujours égale à la réaction ; c'est-à-dire que les actions de deux corps l'un sur l'autre sont toujours égales et de sens contraires.*

Définition 1 (texte). Les termes, les phrases qui constituent un écrit ou une oeuvre.

Exercice 1. Donnez trois exemples de commande LaTeX.

10.4 Les équations plus en détails

10.4.1 La syntaxe

Comme précédemment, il est possible d'écrire directement dans un environnement `equation` (l'étoile permet de ne pas numéroter l'équation) :

```
\begin{equation*}
F(x)=e^{j\pi \omega} + 1
\end{equation*}
```

$$F(x) = e^{j\pi\omega} + 1$$

Pour aligner plusieurs formules, il est possible d'utiliser les environnements suivants.

10.4.2 align

Pour cet environnement, nous retrouvons la syntaxe d'un tableau. Il est ainsi possible d'écrire des équations en ligne sans lien, mais également, comme dans l'exemple, omettre le terme de gauche dans une suite d'égalités par exemple.

```
\begin{align*}
F(x)& =e^{j\pi \omega} + 1 \\
G(x) & = \cos(x) +\sin(x) \\
    & = \frac{a+b}{2\pi}
\end{align*}
```

$$\begin{aligned} F(x) &= e^{j\pi\omega} + 1 \\ G(x) &= \cos(x) + \sin(x) \\ &= \frac{a+b}{2\pi} \end{aligned}$$

10.4.3 gather

Ici, il s'agit seulement d'une liste d'équations, sans aucun lien. Le seul avantage est qu'elles seront numérotées sous une seule équation et LaTeX s'occupera de trouver une mise en forme optimisée.

```
\begin{gather*}
F(x)=e^{j\pi \omega} + 1 \\
G(x) = \cos(x) +\sin(x) \\
H(x)= \frac{a+b}{2\pi}
\end{gather*}
```

$$\begin{gathered} F(x) = e^{j\pi\omega} + 1 \\ G(x) = \cos(x) + \sin(x) \\ H(x) = \frac{a+b}{2\pi} \end{gathered}$$

10.4.4 multline

Pour ce dernier environnement, même principe que précédemment, juste que les équations se décalent à chaque saut de ligne.

```
\begin{multline*}
F(x)=e^{j\pi \omega} + 1 \\
G(x) = \cos(x) +\sin(x) \\
H(x)= \frac{a+b}{2\pi}
\end{multline*}
```

$$\begin{multline*} F(x) = e^{j\pi\omega} + 1 \\ G(x) = \cos(x) + \sin(x) \\ H(x) = \frac{a+b}{2\pi} \end{multline*}$$

10.5 Les démonstrations

Avec l'extension `amsmath`, l'environnement `proof` permet d'afficher des démonstrations.

```
\begin{proof}
Les connexes de $\mathbf{R}$
sont les intervalles. L'ensemble
de départ est donc un connexe.
L'image d'un connexe par une
fonction continue est un
connexe. Donc l'image par $f$ de
$[a, b]$ est un intervalle , ce
qui démontre le théorème.
\qedhere
\end{proof}
```

Démonstration. Les connexes de $\mathbf{R}$ sont les intervalles. L'ensemble de départ est donc un connexe. L'image d'un connexe par une fonction continue est un connexe. Donc l'image par f de $[a, b]$ est un intervalle, ce qui démontre le théorème. □

La commande suivante, placée dans l'environnement `proof`, permet de changer le carré final :
`\renewcommand{\qedsymbol}{Nouveau symbole}`

10.6 Tables diverses

10.6.1 Inclusion

$\subset$	`\subset`	$\supset$	`\supset`	$\subsetneq$	`\subsetneq`
$\not\subset$	`\not\subset`	$\not\supset$	`\not\supset`	$\supsetneq$	`\supsetneq`
$\subseteq$	`\subseteq`	$\supseteq$	`\supseteq`	$\varsubsetneq$	`\varsubsetneq`
$\nsubseteq$	`\nsubseteq`	$\nsupseteq$	`\nsupseteq`	$\varsupsetneq$	`\varsupsetneq`
$\subseteqq$	`\subseteqq`	$\supseteqq$	`\supseteqq`	$\subsetneqq$	`\subsetneqq`
$\nsubseteqq$	`\nsubseteqq`	$\nsupseteqq$	`\nsupseteqq`	$\supsetneqq$	`\supsetneqq`
$\sqsubset$	`sqsubset`	$\sqsupset$	`\sqsupset`	$\varsubsetneqq$	`\varsubsetneqq`
$\not\sqsubset$	`\not\sqsubset`	$\not\sqsupset$	`\not\sqsupset`	$\varsupsetneqq$	`\varsupsetneqq`
$\sqsubseteq$	`\sqsubseteq`	$\sqsupseteq$	`\sqsupseteq`		
$\not\sqsubseteq$	`\not\sqsubseteq`	$\not\sqsupseteq$	`\not\sqsupseteq`		

Tableau 10.13 – Inclusion

10.6.2 Relations

$=$	`=`	$\sim$	`\sim`	$\asymp$	`\asymp`
$\neq$	`\neq`	$\not\sim$	`\not\sim`	$\not\asymp$	`\not\asymp`
$<$	`<`	$\propto$	`\propto`	$\approx$	`\approx`
$>$	`>`	$\not\propto$	`\notpropto`	$\not\approx$	`\not\approx`
$\leq$	`\leq`	$\simeq$	`\simeq`	$\equiv$	`\equiv`
$\geq$	`\geq`	$\not\simeq$	`\not\simeq`	$\not\equiv$	`\not\equiv`
$\leqslant$	`\leqslant`	$\cong$	`\cong`	$\not\cong$	`\not\cong`
$\geqslant$	`\geqslant`	$\approxeq$	`\approxeq`	$\not\approxeq$	`\not\approxeq`
$\ll$	`\ll`				
$\gg$	`\gg`				

Tableau 10.14 – Symboles de relations

10.6.3 Accents

$\bar{a}$	`\bar`	$\vec{a}$	`\vec`	$\hat{a}$	`\hat`
$\tilde{a}$	`\tilde`	$\breve{a}$	`\breve`	$\check{a}$	`\not\asymp`
$\acute{a}$	`\acute{a}`	$\grave{a}$	`\grave{a}`	$\dot{a}$	`\dot{a}`
$\ddot{a}$	`\ddot{a}`	$\dddot{a}$	`\dddot{a}`	$\ddddot{a}$	`\ddddot{a}`
$\mathring{a}$	`\mathring{a}`				

Tableau 10.15 – Les accents mathématiques

10.6.4 Points

$\dots$	`\dots`	$\ldots$	`\ldots`	$\cdots$	`\cdots`	$\vdots$	`\vdots`	$\ddots$	`\ddots`

Tableau 10.16 – Les points mathématiques

L'extension **mathdots** facilite l'affichage des points notamment en indice et exposant. Cela ajoute également le type de points **\iddots** qui donne $\iddots$

10.7 Les mathématiques - Exercices

Corrections p.162

Questions récapitulatives :

1. Comment écrire une formule mathématique dans le texte ?
2. Quelle est la syntaxe classique pour une fraction ?
3. Quel est l'intérêt des flèches extensibles ?
4. Quels sont les trois styles de théorèmes possibles ?
5. Quelle est la différence entre l'environnement `align` et l'environnement `gather` ?
6. Comment modifier le carré final d'une démonstration ?

Exercice 1 ✠✠ :
Écrire la formule du binôme :

$$(a+b)^n = \sum_{k=0}^{n} \binom{n}{k} a^{n-k} b^k$$

Exercice 2 ✠✠ :
Écrire la matrice :

$$R_x(\theta) = \begin{pmatrix} 1 & 0 & 0 \\ 0 & \cos\theta & -\sin\theta \\ 0 & \sin\theta & \cos\theta \end{pmatrix}$$

Exercice 3 ✠ :
Donner le script pour afficher :

$$\begin{cases} -5\lambda + 4x = 49 \\ 7\lambda + 2x = -23 \end{cases}$$

Exercice 4 ✠ :
Donner le script pour afficher :

$$\overbrace{V}^{m/s} \underset{mec}{=} \frac{D}{T}$$

Exercice 5 ✠ :

Donner le script pour afficher :

$$\cos(2\theta) = \cos^2\theta - \sin^2\theta$$

Exercice 6 ✠ :
Donner le script pour afficher :

$$\frac{n!}{k!(n-k)!} = \binom{n}{k}$$

Exercice 7 ✠✠ :
Écrire la matrice suivante :

$$M_{x,y} = \begin{pmatrix} m_{1,1} & m_{1,2} & \cdots & m_{1,y} \\ m_{2,1} & m_{2,2} & \cdots & m_{2,y} \\ \vdots & \vdots & \ddots & \vdots \\ m_{x,1} & m_{x,2} & \cdots & m_{x,y} \end{pmatrix}$$

Exercice 8 ✠✠ :
Écrire la formule suivante :

$$\forall z \in \mathbf{C} \quad e^z = \lim_{n \to \infty} \left(1 + \frac{z}{n}\right)^n$$

Exercice 9 ✠✠✠ :
Écrire la formule suivante :

$$\mathcal{F}(f) : \xi \mapsto \hat{f}(\xi) = \int_{-\infty}^{+\infty} f(x) \mathrm{e}^{-i\xi x} \mathrm{d}x$$

Chapitre 11

La physique-chimie dans LaTeX

Objectifs du chapitre

À la fin de ce chapitre, vous devriez être capable de :

- écrire des équations de chimie ;
- utiliser l'extension `siunitx` :
  - gérer l'installation de l'extension,
  - afficher les nombres,
  - utiliser les différentes unités.

11.1 Les formules chimiques, avec `mhchem`

Plusieurs extensions de LaTeX permettent d'écrire des formules chimiques. Par souci de clarté, chacune des extensions ayant sa propre syntaxe, nous avons choisi de n'en présenter qu'une seule, **`mhchem`**. Cette extension est intéressante pour pouvoir écrire de la chimie et sera appelée de la façon suivante dans le préambule :

```
\usepackage[version=3]{mhchem}
```

L'appel de l'environnement est assez simple, il se fait avec la commande `\ce{...}`. Voici quelques règles :

— les chiffres placés après une lettre seront automatiquement mis en indice ;
— dans les autres cas pour mettre en indice ou en exposant, la méthode est la même que dans un environnement mathématique ;
— les fractions sont faites avec / ;
— les + et - sont automatiquement placés en exposant ;
— il est possible de rajouter une précipitation avec `v` et un dégagement de gaz avec un accent circonflexe ^ ;
— les liaisons entre les atomes se font avec `-`, `=` et `#`, respectivement une liaison simple, double et triple.

Voici quelques exemples :

```
\usepackage[version=3]{mhchem}
 \ce{ Ag+ }
 \ce{ H2O}
 \ce{ SO4^{2-} }
 \ce{ AgCl v }
 \ce{ C-H}
 \ce{A=B}
 \ce{A#B}
 \ce{1/4 H_2O}
 \ce{^14 C}
```

— Ag^+
— H_2O
— $SO_4{}^{2-}$
— $AgCl\downarrow$
— $C{-}H$
— $A{=}B$
— $A{\equiv}B$
— $\frac{1}{4}H_2O$
— ^{14}C

Les flèches

Il est bien sûr possible d'afficher des flèches d'équation. Il est également possible d'écrire au-dessus et en dessous avec la syntaxe : `flèche[au-dessus][en dessous]`.

```
\usepackage[version=3]{mhchem}
 \ce{ A -> B}
 \ce{ C <- D}
 \ce{ A <=> E}
 \ce{ D ->[combustion][H20] F}
```

— $A \longrightarrow B$
— $C \longleftarrow D$
— $A \rightleftharpoons E$
— $D \xrightarrow[H_2O]{combustion} F$

11.2 L'extension d'unités siunitx

Avant-propos : numprint

Commençons par introduire une extension qui peut s'avérer utile en physique : l'extension `numprint`. Elle permet de mettre en forme automatiquement les grands nombres (les chiffres seront regroupés par trois et l'espace après la virgule sera supprimé).

```
\usepackage{numprint}
\numprint{2363578,256537}
```

2 363 578,256 537

11.2.1 Installation de `siunitx`

Cette extension combine les fonctionnalités de deux autres extensions d'unité, `SIunits` et `SIstyle`. Elle s'appelle de la façon suivante :

```
\usepackage{siunitx}
```

Pour bien fonctionner, cette extension va avoir besoin d'un certain nombre d'autres extensions. Assurez-vous donc d'avoir chargé les extensions suivantes avant de compiler. Cependant, il faut savoir que selon les commandes que vous allez utiliser, elles ne seront pas toutes nécessaires.

— amsmath
— booktabs
— cancel
— caption
— cleveref
— colortbl
— csquotes
— helvet
— multirow
— listings
— pgfplots
— xcolor

Cette liste est exhaustive : si vous les chargez tous, vous n'aurez pas de problème de compatibilité.

11.2.2 La prise en charge des nombres

Les nombres

Pour écrire des nombres avec cette extension, la commande `\num` va automatiquement formater le nombre proposé. Elle possède plusieurs options facultatives.

```
\num[options]{nombre}
```

Voici un exemple de plusieurs utilisations possibles de cette commande :

`\num{126}`	126
`\num{286267}`	286 267
`\num{3.14}`	3.14
`\num{2, 71828}`	2.718 28
`\num{.678}`	0.678
`\num{3.00e10}`	3.00×10^{10}
`\num{34.5d-5}`	34.5×10^{-5}
`\num{24d6}`	24×10^{6}
`\num{1 x 2 x 3}`	$1 \times 2 \times 3$
`\num{e10}`	10^{10}

Les angles

Comme les nombres, il existe une commande qui va permettre de formater les angles.

```
\ang[options]{angle}
```

Si vous désirez écrire uniquement des angles en degré, il suffit d'écrire l'angle comme un nombre normal. Il est possible d'utiliser indifféremment le point ou la virgule :

`\ang{90}`	90°
`\ang{16.45}`	16.45°
`\ang{4,7}`	4.7°

Dans le cas d'une écriture degrés/minutes/secondes, il faudra séparer chacun des termes avec un point virgule. Il est possible d'omettre un des termes :

`\ang{1;2;3}`	1°2′3″
`\ang{;2;3}`	2′3″
`\ang{;;3}`	3″
`\ang{1;;}`	1°
`\ang{-6;45;}`	−6°45′

11.2.3 Les unités

Les unités sont également prises en charge par l'extension. Deux commandes sont disponibles. Soit le nombre est fourni et vous pourrez utiliser `\SI`, par exemple pour écrire 12 kg. Si vous souhaitez écrire uniquement l'unité, il faudra utiliser `\si` comme pour écrire m/s^2.

```
\si[options]{unité}
\SI[options]{nombre}[pré unité]{unité}
```

Maintenant que sont présentées les commandes, il existe deux façons d'écrire des unités.

Première option :

Il s'agit de la méthode la plus simple. Il suffit de rentrer l'unité avec la syntaxe du mode mathématique. Voici des exemples pour illustrer le principe :

`\si{m/s^2}`	m/s^2
`\si{m^2~Gy^{-1}}`	$m^2\,Gy^{-1}$
`\si{N_{mol}}`	N_{mol}

Deuxième option :

La deuxième méthode va plutôt interpréter que formater. En effet, l'écriture des unités se fait par mot-clé, de façon semblable à une lecture des noms d'unités en anglais.

`\si{\metre\per\square\second}` va donner $m\,s^{-2}$.

Cette méthode peut sembler moins facile à utiliser, mais l'extension possède de nombreuses abréviations prédéfinies. Il est également possible de rajouter des options, en voici trois plutôt utiles :

mode=text Affiche les nombres dans le texte.

per-mode=symbol L'utilisation de `\per` va afficher /.

per-mode=fraction L'utilisation de `\per` va afficher une fraction $\frac{a}{b}$.

Quelques commandes utiles : `\per`
Cette commande va permettre de mettre un exposant inverse :
`\si{\metre\per\second}` $m\,s^{-1}$

`\of`
Cette commande prend un paramètre pour définir de quoi il s'agit :
`\si{\kilogram\of{metal}}` kg_{metal}

`\highlight`
Elle permet de mettre en valeur une unité :
`\si{\highlight{red}\metre\per\second}` $m\,s^{-1}$

Quelques unités proposées par siunitx Voici une série de tables contenant les différentes commandes.

Unité	Macro	Symbole
Ampère	`\ampere`	A
Candela	`\candela`	cd
Kelvin	`\kelvin`	K
Kilogramme	`\kilogram`	kilogram
Mètre	`\metre`	m
Mole	`\mole`	mol
Seconde	`\second`	s

Tableau 11.1 – Unités de base SI

Unité	Macro	Symbole	Unité	Macro	Symbole
Becquerel	`\becquerel`	Bq	Newton	`\newton`	N
Celsius	`\degreeCelsius`	°C	Ohm	`\ohm`	Ω
Coulomb	`\coulomb`	C	Pascal	`\pascal`	Pa
Farad	`\farad`	F	Radian	`\radian`	rad
Gray	`\gray`	Gy	Siemens	`\siemens`	S
Hertz	`\hertz`	Hz	Sievert	`\sievert`	Sv
Henry	`\henry`	H	Steradian	`\steradian`	sr
Joule	`\joule`	J	Tesla	`\tesla`	T
Katal	`\katal`	kat	Volt	`\volt`	V
Lumen	`\lumen`	lm	Watt	`\watt`	W
Lux	`\lux`	lx	Weber	`\weber`	Wb

Tableau 11.2 – Unités dérivées

Unité	Macro	Symbole
Jour	`\day`	d
Degré	`\degree`	°
Hectare	`\hectare`	ha
Heure	`\hour`	h
Litre	`\litre`	l
	`\liter`	L
Minute (d'angle)	`\arcminute`	′
Minute (temps)	`\minute`	min
Seconde (d'angle)	`\arcsecond`	″
Tonne	`\tonne`	t

Tableau 11.3 – Unités non-SI, mais acceptées

Unité	Macro	Symbole
Unité astronomique	`\astronomicalunit`	au
Masse atomique	`\atomicmassunit`	u
Bohr	`\bohr`	a_0
Vitesse de la lumière	`\clight`	c_0
Dalton	`\dalton`	Da
Masse d'un électron	`\electronmass`	m_e
Electronvolt	`\electronvolt`	eV
Charge élémentaire	`\elementarycharge`	e
Hartree	`\hartree`	E_h
Constante de Planck réduite	`\planckbar`	$\hbar$

Tableau 11.4 – Unités non-SI expérimentales

Unité	Macro	Symbole
Angstrom	`\angstrom`	Å
Bar	`\bar`	bar
Barn	`\barn`	b
Bel	`\bel`	B
Decibel	`\decibel`	dB
Knot	`\knot`	kn
Millimètre de mercure	`\mmHg`	mmHg
Mile nautique	`\nauticalmile`	M
Neper	`\neper`	Np

Tableau 11.5 – Autres unités non-SI

Unité	Macro	Symbole	Puissance	Unité	Macro	Symbole	Puissance
yocto	`\yocto`	y	−24	deca	`\deca`	da	1
zepto	`\zepto`	z	−21	hecto	`\hecto`	h	2
atto	`\atto`	a	−18	kilo	`\kilo`	k	3
femto	`\femto`	f	−15	mega	`\mega`	M	6
pico	`\pico`	p	−12	giga	`\giga`	G	9
nano	`\nano`	n	−9	tera	`\tera`	T	12
micro	`\micro`	µ	−6	peta	`\peta`	P	15
milli	`\milli`	m	−3	exa	`\exa`	E	18
centi	`\centi`	c	−2	zetta	`\zetta`	Z	21
deci	`\deci`	d	−1	yotta	`\yota`	Y	24

Tableau 11.6 – Préfixes SI

11.3 L'environnement `verbatim`

Il est possible que vous vouliez écrire dans votre document des commandes LaTeX sans les exécuter. Par exemple afficher `\\` sans sauter de lignes ou `\LaTeX` sans afficher LaTeX. Pour cela, il existe un environnement particulier appelé `verbatim`. Il s'utilise de deux façons différentes.

11.3.1 Dans du texte

Pour le placer dans du texte, nous utiliserons la commande `\verb||`. Les | peuvent être remplacés par n'importe quel caractère tant qu'il n'apparaît pas dans le texte, et le texte se place entre ces deux caractères comme cela :

```
Pour afficher \LaTeX\ il suffira d'écrire \verb+\LaTeX+ ou encore \verb|\LaTeX| .
```

Pour afficher LATEX il suffira d'écrire `\LaTeX` ou encore `\LaTeX` .

Le fait de pouvoir utiliser n'importe quel symbole pour encadrer le code permet d'afficher avec `\verb` n'importe quel caractère.

11.3.2 Dans un bloc

L'environnement `verbatim` peut également s'utiliser comme un environnement classique de la façon suivante :

```
\begin{verbatim}
\LaTeX\ \pounds
\end{verbatim}
```

```
\LaTeX\ \pounds
```

11.4 Le code informatique

Il est possible d'inclure du code informatique dans un fichier LATEX. Pour cela, nous utiliserons la commande suivante pour appeler l'extension `listings` :

```
\usepackage{listings}
```

Cette extension permet, comme `verbatim`, d'écrire du texte non formaté. Cependant, son rôle principal est de pouvoir inclure du code informatique, de n'importe quel langage de programmation dans votre document. Nous traiterons cette extension à travers trois points. Dans un premier temps, nous aborderons les bases de l'extension, comment l'utiliser simplement. Nous aborderons ensuite certaines options utiles. Enfin, nous rentrerons un peu plus dans le détail de l'extension en examinant différents paramètres pour personnaliser.

11.4.1 Les bases

Pour introduire du code directement dans votre document, la syntaxe est la suivante :

```
\begin{lstlisting}
Votre code
\end{lstlisting}
```

Si vous voulez directement introduire un fichier, la commande suivante le permet :[1]

```
\lstinputlisting{fichier.py}
```

Cette commande est utile si vous voulez introduire plusieurs fichiers, ou si vous êtes encore en train de modifier le code. En effet, si vous mettez le fichier à jour, il sera mis à jour dans votre document LaTeX à chaque compilation.

11.4.2 Les options

Introduction

Plusieurs options existent pour personnaliser l'importation de code. Nous aborderons les plus utilisées dans cette partie. Pour utiliser ces options, il existe deux méthodes. Pour le document en entier avec la commande suivante, à placer dans le préambule :

```
\lstset{
option1 = valeur,
option2 = valeur,
...
}
```

Vous pouvez également préciser les options localement de la façon suivante.

```
\begin[option1 = value]{lstlisting}
Votre code
\end{lstlisting}

\lstinputlisting[option1 = value]{fichier.py}
```

Ces deux méthodes peuvent être utilisées ensemble. Nous allons passer en revue un certain nombre d'options utiles. Bien sûr, il en existe une multitude d'autres, et nous vous invitons à aller chercher dans la documentation de l'extension si vous désirez une option particulière.

1. Ici, il s'agit d'un fichier python, mais cela pourrait être n'importe quoi.

Différents styles de polices

```
\lstset{
basicstyle=\footnotesize ,
stringstyle=\color{red}\bg,
commentstyle=\color{green},
}
```

Ces trois commandes permettent respectivement de définir le style du code, des chaînes de caractères, et des commentaires .

Le cadre

```
\lstset{
  frame=single ,
  rulecolor=\color{black},
}
```

Ces deux commandes définissent le cadre autour du code et la couleur de la ligne.

Les espacements

```
\lstset{
  showspaces=false ,
  showstringspaces=false ,
  showtabs=false ,
  keepspaces=true ,
  tabsize=2,
  breakatwhitespace=false ,
  breaklines=true
}
```

L'option `showspaces` permet de remplacer les espaces du code par un caractère donné. Active, elle remplace l'option `showstringspaces` qui fait la même chose, mais uniquement pour les espaces des chaînes de caractères. L'option `showtab` permet de remplacer les tabulations par un caractère donné. L'option `keepspaces` permet de garder l'indentation du code. L'option `tabsize` définit la taille des tabulations par défaut. L'option `breakatwhitespace` active le saut de ligne à chaque espace blanc. L'option `breaklines` active le saut de ligne automatique.

Le numérotage

```
\lstset{
  numbers=left ,
  numbersep=5pt ,
  numberstyle=\tiny\color{mygray},
  stepnumber=2,
  firstnumber=1000
}
```

Il est possible de numéroter les lignes de codes que vous importez :

— L'option `numbers` permet de choisir si les numéros sont affichés à gauche ou à droite du code ;
— `numbersep` définit l'écart entre le code et les numéros ;
— `numberstyle` définit le style des numéros ;
— `stepnumber` définit l'écart entre chaque numéro ;
— Enfin l'option `firstnumber` définit la ligne de début de la numérotation.

L'option *escape outside*

```
\lstset{
  escapeinside={\#*}{*}
}
```

Cette option permet d'inclure du code LaTeX. Dans cet exemple, si dans votre code vous écrivez le caractère #*, tout ce qui suivra sera lu comme du code LaTeX avec toutes les commandes qui appartiennent à LaTeX , jusqu'au caractère *.

Langage

```
\lstset{
language = Python,
}
```

Les langages suivants sont pris en charge par l'extension : ACSL, Ada, Algol, Ant, Awk, bash, C#, C++, C, Caml, Clean, Cobol, Comal, csh, Delphi, Eiffel, Elan, erlang, Euphoria, Fortran, GCL, Gnuplot, Haskell, HTML, IDL, inform, Java, JVMIS, ksh, Lisp4 Logo, make, Mathematical, Matlab, Mercury, MetaPost, Miranda, Mizar, ML, MuPAD, NASTRAN Objective C , OCL, Octave, Oz, Pascal, Perl, PHP, PL/I, Plasm, POV, Prolog, Promela, Python, R, Reduce, Rexx, RSL, Ruby, S, SAS, Scilab, sh, SHELXL, Simula4, SQL, tcl, TeX, VBScript, Verilog, VHDL4 VRML, XML, XSLT.
Cette liste est non-exhaustive et la documentation de l'extension [10] donne davantage d'informations.

Couleur de fond

```
\lstset{
backgroundcolor=\color{white}
}
```

Pour changer la couleur de fond. Cette option nécessite l'appel de l'extension `xcolor`.

Mots-clés

```
\lstset{
  deletekeywords={...},
  keywordstyle=\color{blue},
  morekeywords={*,...},
}
```

Ce que nous appelons ici mots-clés sont les noms ayant une signification spéciale, comme `for` ou `while` en Python. Vous pouvez définir leur couleur, en ajouter ou en supprimer.

Titre et légende

```
\lstset{
  title=\lstname    ,
  caption = votre légende,
  captionpos=b,
}
```

Pour définir le titre (ici par défaut le nom du fichier inclus avec `\lstinputlisting`) et la légende du code. La dernière option permet de gérer le positionnement de la légende (`b` pour afficher en dessous, `t` au dessus)

Problèmes d'encodage

L'extension `listings` ne supporte pas utf-8, mais seulement des encodages sur un seul byte [2]. Pour pouvoir quand même utiliser des caractères utf-8 dans votre fichier de code, vous pouvez utiliser l'option `literate` avec le code suivant.

```
\lstset{
literate =
  {á}{{\'a}}1 {é}{{\'e}}1 {í}{{\'i}}1 {ó}{{\'o}}1 {ú}{{\'u}}1
  {Á}{{\'A}}1 {É}{{\'E}}1 {Í}{{\'I}}1 {Ó}{{\'O}}1 {Ú}{{\'U}}1
  {à}{{\`a}}1 {è}{{\`e}}1 {ì}{{\`i}}1 {ò}{{\`o}}1 {ù}{{\`u}}1
  {À}{{\`A}}1 {É}{{\'E}}1 {Ì}{{\`I}}1 {Ò}{{\`O}}1 {Ù}{{\`U}}1
  {ä}{{\"a}}1 {ë}{{\"e}}1 {ï}{{\"i}}1 {ö}{{\"o}}1 {ü}{{\"u}}1
  {Ä}{{\"A}}1 {Ë}{{\"E}}1 {Ï}{{\"I}}1 {Ö}{{\"O}}1 {Ü}{{\"U}}1
  {â}{{\^a}}1 {ê}{{\^e}}1 {î}{{\^i}}1 {ô}{{\^o}}1 {û}{{\^u}}1
  {Â}{{\^A}}1 {Ê}{{\^E}}1 {Î}{{\^I}}1 {Ô}{{\^O}}1 {Û}{{\^U}}1
  {œ}{{\oe}}1 {Œ}{{\OE}}1 {æ}{{\ae}}1 {Æ}{{\AE}}1 {ß}{{\ss}}1
  {ű}{{\H{u}}}1 {Ű}{{\H{U}}}1 {ő}{{\H{o}}}1 {Ő}{{\H{O}}}1
  {ç}{{\c c}}1 {Ç}{{\c C}}1 {ø}{{\o}}1 {å}{{\r a}}1 {Å}{{\r A}}1
  {£}{{\pounds}}1 {«}{{\guillemotleft}}1
  {»}{{\guillemotright}}1 {ñ}{{\~n}}1 {Ñ}{{\~N}}1 {¿}{{?`}}1
}
```

11.4.3 Les styles

Il est possible de définir un style de la façon suivante :

```
\lstdefinestyle{nom_style}{
  option1 = valeur ,
  option2 = valeur ,
  ...
}
```

Ainsi vous pouvez utiliser plusieurs styles différents sans avoir à retaper les options à chaque fois. Pour utiliser un style, nous appellerons l'option suivante :

```
\begin[style = nom_style]{lstlisting}
Votre code
\end{lstlisting}

\lstinputlisting[style = nom_style]{fichier.py}
```

2. Plus de détails en annexe C.

11.5 La physique-chimie dans LATEX - Exercices

Corrections p.164

Questions récapitulatives :

1. Quelle extension abordée ici peut être utilisée pour écrire des formules de chimie ?
2. Quelle option est-il important de charger avec cette extension pour éviter les bugs ?
3. Quelle extension permet de mettre en forme les grands nombres ?

Exercice 1 ✠ :
Donner le code LATEX des molécules suivantes en utilisant l'extension **mhchem** :
CH_3
$NH_2{-}CO{-}NH_2$
FeS_2
$Fe(OH)_3$

Exercice 2 ✠✠ :
Donner le code LATEX des équations suivantes en utilisant l'extension **mhchem** :

- $C + H_2O + H_2 \xrightarrow[Cl2]{FeS2} CH_3{-}CO_OH$
- $AgNCO + NH_4Cl \longrightarrow AgCl + NH_2{-}CO{-}NH_2$
- $C_3H_8{}^+O_2 \longrightarrow H_2O + CO_2$
- $n_2Ox_1 + n_1Red_2 \rightleftharpoons n_1Ox_2 + n_2Red_1$

Exercice 3 ✠✠ :
À l'aide de **sinunitx**, afficher les nombres et angles suivants :

- 123 456 789
- 345.642
- 0.56
- $-34°45'12''$
- $-34°12''$
- $3'12''$

Exercice 4 ✠✠ :
À l'aide de **sinunitx**, afficher les unités suivantes :

- 10 °C
- 5 Gy
- 2 h 17 min
- $\hbar = 1.054\,571 \times 10^{-34}$ J s

Exercice 5 ✠✠✠ :
Écrire le code permettant de configurer l'extension `listings` de la façon suivante :
- le code sera encadré ;
- saut de ligne automatique ;
- numérotage tout les deux lignes, à gauche.

Chapitre 12

Les macros

Objectifs du chapitre

À la fin de ce chapitre, vous devriez être capable de :

— utiliser les macros pour abréger un mot ;
— renommer un environnement déjà existant ;
— créer un nouvel environnement ;
— créer une nouvelle commande ;
— ajouter des arguments, optionnels ou non.

Introduction

Il est possible, avec LaTeX, de créer ses propres commandes pour se faciliter la tâche. C'est cela que nous appelons *Macros*. Placées dans le préambule, elles vont permettre soit de créer une commande, soit d'en modifier une déjà existante. Ainsi, vous pourrez modifier la police de vos titres, créer un environnement particulier propre à votre document, et bien plus.
Comme nous précisé dans l'avant-propos, le sujet sera traité ici de façon progressive, et utile à tous, de l'amateur de LaTeX au parfait professionnel. Ainsi, n'ayez pas peur de ce chapitre qui peut paraître un peu obscur : certaines commandes pourraient vous plaire et vous être utiles, et il n'y a pas forcément besoin de toujours tout comprendre pour les utiliser.

12.1 Les abréviations

12.1.1 Définition

Les macros peuvent facilement servir pour abréger un mot. Imaginons que vous utilisez dans votre document de nombreuses fois le terme « physique-chimie »Vous pouvez utiliser l'abréviation « pc » avec la commande :

```
\newcommand\pc{physique-chimie}
%ou
\newcommand{\pc}{physique-chimie}
```

Ainsi, lorsque vous taperez `\pc` dans votre document, LaTeX viendra le remplacer par « physique-chimie ».

12.1.2 Renommer une commande

Si vous avez besoin de redéfinir une commande qui existe déjà, la commande suivante le permet :

```
\renewcommand\nom_de_la_commande{nouveau_nom}
```

Par exemple `\renewcommand\chapter{chapitre}` permettra d'utiliser la commande `\chapitre` à la place de `\chapter`.

12.1.3 Les espacements

Nous avons vu plus haut que lorsqu'il est placé directement après toutes les commandes composées de lettres, comme `\LaTeX` ou `\pounds`, l'espace est ignoré. Pour forcer l'affichage, il suffit d'utiliser une de ces trois méthodes : LaTeX

```
\LaTeX{}
\LaTeX\
{\LaTeX}
```

Enfin, il est également possible d'utiliser l'extension `xspace`, de la façon suivante en reprenant l'exemple ci-dessus :

```
\newcommand\pc{physique-chimie\xspace}
```

12.2 Les environnements

12.2.1 Définition

Les macros permettent également de définir de nouveaux environnements avec la syntaxe suivante :

```
\newenvironment{nom_environnement}{%
  début
}{%
  fin
}
```

Pour simplifier, la partie du milieu (}{%) représente ce que vous allez écrire dans l'environnement. Par exemple si vous écrivez dans le préambule la commande suivante :

```
\newenvironment{maformule}{%
  \[
   \begin{small}

}{%

   \end{small}
  \]
}
```

Nous avons ainsi l'équivalence suivante :

```
\begin{maformule}
F(x) = \cos(x) + \pi
\end{maformule}
```

$\Longleftrightarrow$

```
\[
\begin{small}
F(x) = \cos(x) + \pi
\end{small}
\]
```

12.2.2 Renommer un environnement

De la même façon que pour les commandes, il est possible de modifier un environnement avec la syntaxe suivante :

```
\renewenvironment{nom_environnement}{
début
}{%
fin
}
```

12.3 Commandes avancées

La commande `\newcommand{•}{•}` a été présentée au début du chapitre pour abréger des mots. Cette dernière peut effectuer beaucoup plus de choses. Nous allons étudier cette commande à travers trois points.

12.3.1 Un argument

Une macro (une commande) peut prendre dans un premier temps un seul argument. Par exemple, la commande `\textbf{}` va demander un texte (l'argument) et va le « transformer » en gras. Ici pour notre exemple, nous allons définir une commande qui met en évidence un mot. Nous appellerons cette commande *evidence*. Elle va prendre en argument un mot ou texte et va le mettre en gras et augmenter sa taille de police. Nous avons :

```
\newcommand{\evidence}[1]{\textbf{\large{#1}}}
```

Le `[1]` indique qu'il y a un seul argument, et le `#1` la position de cet argument dans la commande. Nous retrouvons les deux commandes `\textbf` et `\large` qui vont respectivement mettre en gras et augmenter la taille de police. Voici un exemple d'utilisation :

```
Les \evidence{macros}\, sont
très utilisées en \LaTeX .
```

Les **macros** sont très utilisées en LaTeX.

Nous remarquerons l'utilisation du `\,` après la commande pour laisser un espace. Dans cet exemple, nous avons bien appelé notre macro définie précédemment, et le compilateur a bien « transformé » notre texte en gras et plus grande police.

12.3.2 Plusieurs arguments

La syntaxe est la même, il suffit de changer le nombre d'arguments. Voici un exemple :

```
\newcommand{\nomcompose}[2]{#1\-#2}
```

La commande s'utilise de la façon suivante :

```
Je m'appelle \nomcompose{pierre}{yves}.
```

Je m'appelle pierre-yves.

12.3.3 Arguments optionnels

Les arguments peuvent être optionnels. La syntaxe est la suivante :

```
\newcommand{\nom}[nombre d'arguments][valeurs par défaut]{commande}
```

Les valeurs par défaut sont séparées par des virgules, et sont les valeurs de # 1, # 2... Reprenons l'exemple de la mise en évidence d'un texte, avec comme choix optionnel la couleur :

```
\newcommand{\evid}[2][black]{\textcolor{#1}{ \textbf{#2} }}
Les \evid{Macros}.
Les \evid{Macros}{red}.
```

Les **macros**.
Les **macros**.

[2] car deux arguments. Nous choisissons la couleur noire comme couleur par défaut, puis nous écrivons le cœur de la macro. Au premier appel de la macro, aucune couleur n'est précisée, le texte ressort noir. Le deuxième appel précise la couleur rouge, le texte sort rouge.

12.4 Les macros - Exercices

Corrections p.165

Questions récapitulatives :

1. Quelles sont les trois façons de placer un espace après une commande ?
2. Dans `\newcommand{\evid}[2][blue]{\textcolor{#1}{\textbf{#2}}}`,
   (a) Que représente le « `\texttt{[2]}` » ?
   (b) Que représente le « `\texttt{[black]}` » ?
   (c) Que représente le « `\texttt{#1}` » ?
   (d) Que va afficher `\evid{texte}` ?
   (e) Et `\evid{texte}{blue}` ?

Exercice 1 ✠ :
Donner les commandes permettant d'abréger mot de passe avec `\mdp`, président des États-Unis par `\potus`.

Exercice 2 ✠✠ :
Donner la commande permettant de changer le titre de la table des matières par sommaire (la commande `\contentsname` sera utile).

Exercice 3 ✠✠ :
Définir un environnement `chicago-quote` qui répond aux critères suivants :
— ne pas utiliser d'extension ;
— l'espacement interligne sera un espace interligne normal ;
— il faudra laisser un espace de 0.5 cm au-dessus et en dessous de la citation ;
— il faudra indenter la citation de 2 cm sur la gauche (pour cela, changer la valeur de `leftskip` avec `\setlength{\leftskip}{2cm}`).

Exercice 4 ✠✠ :
Définir la commande `it` permettant de mettre un texte en italique, avec comme choix optionnel la couleur, la couleur par défaut étant noir.

Exercice 5 ✠ :
Définir la commande `reponse` avec comme argument le numéro d'exercice et la réponse, affichant :
`\reponse{1}{42}` $\Longleftrightarrow$ La réponse de l'exercice 1 est: $\boxed{42}$

Partie V

Corrections des exercices

Installation de LaTeX et configuration

Solution des questions récapitulatives :

1. Vrai.
2. Il s'agit de l'éditeur. C'est le logiciel qui permet d'écrire son script LaTeX et de le compiler.
3. Oui bien sûr !
4. L'encodage `utf-8`.

Solution de l'exercice 1 :
Un processus de compilation se basant sur **Latex** serait :
« Latex + dvips + ps2pdf + ViewPDF ».

Solution de l'exercice 2 :
Rien à installer, facilité d'utilisation, historique et collaboration simplifiée.

Le préambule du document

Solutions des questions récapitulatives :

1. `babel`
2. Le *Package Manager* de MikTex
3. `amsthm`, `amssymb` et `mathtools`

Solution de l'exercice 1 :

```
\documentclass[12pt, A5, twocolumn]{article}
```

Solution de l'exercice 2 :

```
\usepackage[utf8]{inputenc}
\usepackage[T1]{fontenc}
```

Solution de l'exercice 3 :

```
\listoffigures %pour les figures
\listoftables %pour les tableaux
```

La mise en page

Solutions des questions récapitulatives :

1. Vrai.
2. Faux.
3. Faux.
4. La classe `book`.
5. En rajoutant un astérisque dans la commande :`\section*{}`.
6. `titleformat` et `titlespacing`.
7. L'extension `fancyhdr` sert à gérer les en-têtes et pieds de page.

Solution de l'exercice 1 :
Méthode 1 :

```
\usepackage{geometry}
\geometry{left=2cm,right=2cm,top=3cm,bottom=1cm}
```

Méthode 2 :

```
\setlength{\right}{56pt}
\setlength{\left}{56pt}
\setlength{\bottom}{28pt}
\setlength{\top}{85pt}
```

Solution de l'exercice 2 :

```
\titleformat{\chapter}
[frame]
{\Large}% Changement commun au numéro et au titre
{\huge\chaptertitlename~\thechapter}% numérotation
}
\renewcommand{\thesection}{\Alph{section}}
```

Solution de l'exercice 3 :

```
\usepackage[number]{abstract}
\renewcommand{asbstracttextfont}{\small}
\renewcommand{asbstractnamefont}{\color{blue}}
\setlength{absparindent}{30pt}
\setlength{abstitleskip}{25pt}
```

Solution de l'exercice 4 :

```
\fancypagestyle{plains}{%
\fancyhf{}
\fancyfoot[C]{\thepage}
\fancyhead[LE]{\leftmark}
\fancyhead[RO]{\rightmark}
\renewcommand{\headrulewidth}{0.5pt}
\renewcommand{\footrulewidth}{0pt}}
\pagestyle{plains}
```

Mise en forme des paragraphes et du texte

Solutions des questions récapitulatives :

1. L'environnement `flushleft`.
2. Il permet d'écrire un commentaire dans le script.
3. La commande `\\`.
4. La commande `\vspace{•}`.
5. La compilation du script va seulement lire un seul espace.
6. L'extension `csquotes`.
7. L'extension gérant les espaces interlignes est `setspace`. La commande suivante sera utilisée pour tout le document :
   `\usepackage[doublespace]{setspace}`
   Pour seulement gérer l'espacement dans un paragraphe spécifique, l'environnement est `doublespace`.
8. `itemize`, `description` et `enumerate`.
9. `\Huge`.

Solution de l'exercice 1 :

```
\begin{description}
\item[Far breton] Il nécessite les ingrédients suivants:
\begin{enumerate}
\renewcommand{\theenumi}{\alph{enumi}}
\item Beurre
\item Farine
\item Pruneaux
\item \OE ufs
\end{enumerate}
\item[Gâteau-yaourt] Préparé avec du yaourt
\item[Cake aux fruits] \hfill\\
Préparé avec des fruits
\end{description}
```

Solution de l'exercice 2 :

```
\usepackage[babel=true]{csquotes}
\begin{small}
\begin{onehalfspace}
\enquote{Citation}
\end{onehalfspace}
\end{small}
```

Solution de l'exercice 3 :

- \no
- 1\ier{}
- \%
- \textasciicircum
- \pounds
- \LaTeX
- \oe
- \ss

Solution de l'exercice 4 :

```
Le \textbf{gras} permet de mettre en valeur un mot, tout comme l'\
    textit{italique}. Il est également possible d'\fbox{encadrer} un
    mot \fbox{ou une phrase}.
```

Solution de l'exercice 5 :

```
\begin{itemize}
\renewcommand{\labelitemi}{*}
\item Saturne
\item Mars
\item Terre
\item Mercure
\end{itemize}
```

Multimédia

Solutions des questions récapitulatives :

1. `tabular`.
2. `hline`.
3. La fusion de lignes s'effectue avec `multirow` et la fusion de colonnes avec `mulicolumn`.
4. Avec la commande `backslashbox`.
5. Pour garger le ratio de l'image : `keepaspectratio=true`.
6. Le ! rend prioritaire le placement de l'image par rapport aux autres paramètres de LaTeX.

Solution de l'exercice 1 :

```
\begin{tabular}{|c|c|c|>{\color{white}}c|}
\hline
\rowcolor{bleu} X & X & X & X \\
\hline
X &\cellcolor{red} X & X & \cellcolor{blue} X \\
X & \color{red} X & \color{red} X & \cellcolor{green}X \\
\hline
\end{tabular}
```

Solution de l'exercice 2 :

```
\begin{tabular}{|c|cp{3cm}|r|}
\hline
\backslashbox{m\'etier}{Infos} & \multicolumn{2}{|c|}{Nom et Prénom} &
    sexe \\
\hline
Basketteur & Jordan & Michael & \multirow{3}{*}{homme} \\

Comptable & Dupond & Eric & \\
Basketteur & Parker & Tony & \\
\hline
Actrice & Anniston & Jennifer & femme\\
\hline
\end{tabular}
```

Solution de l'exercice 3 :

```
\begin{figure}[t]
\centering
\includegraphics[width = \textwidth]{lapin.png}
\caption{Un lapin adulte}
\end{figure}
```

Solution de l'exercice 4 :

```
\begin{center}
\begin{tabular}{>{\color{bleu cobalt}}l | l}
\verb+\times+ & $\times$ \\
\verb+\infty+ & $\infty$ \\
\verb+\in+ & $\in$ \\
\verb+\delta+ & $\delta$ \\
\verb+\xi+ & $\xi$ \\
\end{tabular}
\end{center}
```

Les gros documents

Solutions des questions récapitulatives :

1. `\input{•}`.
2. `pdfpages`.

Solution de l'exercice 1 :

1. `\includepdf[pages=-]{doc.pdf}`.

2. `\includepdf[width=12cm, pages={1}]{doc.pdf}`.
3. `\includepdf[pages=1-6]{doc.pdf}`.
4. `\includepdf[pages={1,2,3,7}]{doc.pdf}`.

La bibliographie

Solutions des questions récapitulatives :

1. La bibliographie est stockée dans un fichier `.bib`.
2. Il suffit d'encadrer la lettre avec des accolades.
3. `\biographystyle{}`.
4. Compiler deux fois en LaTeX de manière classique, une fois avec Bibtex, puis une dernière fois avec LaTeX.

Solution de l'exercice 1 :

```
@article{exemple,
  title={Le lait d'amande: Bon pour la sant\'e?},
  author={Dupond, Antoine},
  journal={Questions de sant\'e},
  volume={12},
  pages={3--7},
  year={2018},
  publisher={Bonnemaison}
}
```

Introduction à Beamer

Solutions des questions récapitulatives :

1. `\setbeamercolor{background canvas}{bg = blue}`.
2. Nous avons les types suivants : `block`, `alertblock`, `exampleblock`, `definition`, `example`, `theorem` et `proof`.
3. Oui.
   (a) En ajoutant l'argument `handout` dans la définition de la classe du document.
4. En utilisant un bouton.
5. Le nombre de clics.

Solution de l'exercice 1 :

```
\setbeamertemplate{background canvas}[vertical shading]{top = yellow,
    bottom = green}
```

Solution de l'exercice 2 :

```
\setbeamercolor{titre}{bg=blue, fg=black}
\setbeamercolor{texte}{bg=white, fg=red}
(...)
\begin{beamerboxesrounded}[shadow = true, upper = titre, lower = texte
    ]{Titre de la boîte}
Texte
\end{beamerboxesrounded}
```

Solution de l'exercice 3 :

```
\begin{frame}
Question: Qui suis-je?
\only<2> Indice: Je distribue des cadeaux le 25 décembre.
\visible<3> Réponse: Le père Noël!
\end{frame}
```

Ou encore :

```
\begin{frame}
Question: Qui suis-je?
\temporal<2>{ }{Indice: Je distribue des cadeaux le 25 décembre.}{Ré
    ponse: Le père Noël!}
\end{frame}
```

Les mathématiques

Solutions des questions récapitulatives :

1. Avec la syntaxe `$...$`.
2. La fraction $\frac{x}{y}$ s'écrira de la façon suivante : `\frac{x}{y}`.
3. De pouvoir afficher du texte en dessous ou au-dessus de la flèche.
4. Les trois styles sont `plain`, `definition` et `remark`.
5. `align` va reprendre la syntaxe d'un tableau. Ainsi il est possible de garder les signes égaux alignés alors que l'environnement `gather` va seulement lister les équations à la suite.

6. Avec la commande :
`\renewcommand{\qedsymbol}{Nouveau symbole}`.

Solution de l'exercice 1 :

```
(a+b)^n = \sum ^n_{k=0} \binom{n}{k} a^{n-k} b^k
```

Solution de l'exercice 2 :

```
R_x(\theta) =
\begin{pmatrix}
1 & 0 & 0 \\
0 & \cos \theta & -\sin \theta \\
0 & \sin \theta & \cos \theta
\end{pmatrix}
```

Solution de l'exercice 3 :

```
\begin{cases}
-5\lambda + 4x = 49\\
7\lambda + 2x = -23
\end{cases}
```

Solution de l'exercice 4 :

```
\overbrace{V}^{m/s} \underset{mec}{=} \frac{D}{T}
```

Solution de l'exercice 5 :

```
\cos (2\theta) = \cos^2 \theta - \sin^2 \theta
```

Solution de l'exercice 6 :

```
\frac{n!}{k!(n-k)!} = \binom{n}{k}
```

Solution de l'exercice 7 :

```
M_{x,y} =
 \begin{pmatrix}
  m_{1,1} & m_{1,2} & \cdots & m_{1,y} \\
  m_{2,1} & m_{2,2} & \cdots & m_{2,y} \\
  \vdots  & \vdots  & \ddots & \vdots  \\
  m_{x,1} & m_{x,2} & \cdots & m_{x,y}
 \end{pmatrix}
```

Solution de l'exercice 8 :

```
\forall z \in \mathbf{C} \quad e^z = \underset{n \to \infty}{\lim} \Big
    ( 1 + \frac{z}{n} \Big)^n
```

Solution de l'exercice 9 :

```
\mathcal{F}(f) : \xi \mapsto \hat{f} ( \xi ) = \int^{+\infty}_{-\infty}
     f(x) e^{-i\xi x} \text{d} x
```

La physique-chimie dans LaTeX

Solutions des questions récapitulatives :

1. L'extension `mhchem`.
2. Il faut rajouter dans les options `version=3`.
3. L'extension `numprint`.

Solution de l'exercice 1 :

```
\ce{CH_3}
\ce{NH2-CO-NH2}
\ce{FeS2}
\ce{Fe(OH)3}
```

Solution de l'exercice 2 :

```
\ce{C + H2O + H2 ->[FeS2][Cl2] CH3-CO_OH}
\ce{AgNCO + NH4Cl -> AgCl + NH2-CO-NH2}
\ce{C3H8+O2 -> H2O + CO2}
\ce{n2Ox1 + n1Red2 <=> n1Ox2 + n2Red1}
```

Solution de l'exercice 3 :

```
\num{123456789}
\num{345.642}
\num{.56}
\ang{-34;45;12}
\ang{-34;;12}
\ang{;3;12}
```

Solution de l'exercice 4 :

```
10 \si{\degreeCelsius}
5 \si{\gray}
2 \si{\hour} 17 \si{\minute}
\si{\planckbar} = \num{1.054571d-34} \si{\joule \second}
```

Solution de l'exercice 5 :

```
\lstset{
frame = single ,
breaklines = true ,
numbers = left ,
stepnumber = 2
}
```

Les macros

Solutions des questions récapitulatives :

1. `\commande{}`, `\commande\` ou encore `{\commande}`.
2. Dans `\newcommand{\evid}[2][black]{\textcolor{#1}{\textbf{#2}}}` :
   (a) Le nombre d'arguments.
   (b) C'est la valeur par défaut d'un argument optionnel.
   (c) Le premier argument.
   (d) « texte » en gras.
   (e) « texte » en gras et en bleu.

Solution de l'exercice 1 :

```
\newcommand{\mdp}{mot de passe}
\newcommand\potus{Président des États-Unis}
```

Note : Les deux syntaxes sont correctes indifféremment du cas.

Solution de l'exercice 2 :

```
\renewcommand{\contentsname}{Sommaire}
```

Si l'extension `babel` est utilisée, il est nécessaire de préciser la langue, en utilisant la syntaxe suivante (en remplaçant `french` par la langue utilisée) :

```
\addto\captionsfrench{
\renewcommand{\contentsname}{Sommaire}
}
```

Solution de l'exercice 3 :

```
\newenvironment{chicago-quote}{
\vspace{0.5cm}
\setlength{\leftskip}{2cm}
\begin{singlespace}
}{
\end{singlespace}
\vspace{0.5cm}
}
```

Solution de l'exercice 4 :

```
\newcommand{\it}[2][black]{\textcolor{#1}{\textit{#2}}}
```

Solution de l'exercice 5 :

```
\newcommand{\reponse}[2]{La réponse de l'exercice #1 est: \fbox{#2}}
```

Annexe A

Les différents types de bibliographie

Voici différents styles d'affichage pour la bibliographie. Cette liste n'est pas exhaustive et nous vous conseillons de tester plusieurs styles pour apprécier les différences directement dans votre document.

Références

[Capbern et al., 1977] Capbern, A., Giroud, C., Baltz, T., and Mattern, P. (1977). Trypanosoma equiperdum : etude des variations antigéniques au cours de la trypanosomose experimentale du lapin. *Experimental Parasitology*, 42(1) :6–13.

[Faverdin et al., 2010] Faverdin, P., Delagarde, R., Delaby, L., and Meschy, F. (2010). Alimentation des vaches laitières.

[Mittelbach et al., 2004] Mittelbach, F., Goossens, M., Braams, J., Carlisle, D., and Rowley, C. (2004). *The LATEX companion*. Addison-Wesley Professional.

FIGURE A.1 – apalike

Références

[1] Frank Mittelbach, Michel Goossens, Johannes Braams, David Carlisle, and Chris Rowley. *The LATEX companion*. Addison-Wesley Professional, 2004.

[2] A Capbern, Ch Giroud, T Baltz, and P Mattern. Trypanosoma equiperdum : etude des variations antigéniques au cours de la trypanosomose experimentale du lapin. *Experimental Parasitology*, 42(1) :6–13, 1977.

[3] Philippe Faverdin, Remy Delagarde, Luc Delaby, and Francois Meschy. Alimentation des vaches laitières, 2010.

FIGURE A.2 – unsrt

Références

[1] A. Capbern, C. Giroud, T. Baltz, and P. Mattern, *Trypanosoma equiperdum : etude des variations antigéniques au cours de la trypanosomose experimentale du lapin*, Experimental Parasitology, 42 (1977), pp. 6–13.

[2] P. Faverdin, R. Delagarde, L. Delaby, and F. Meschy, *Alimentation des vaches laitières*, 2010.

[3] F. Mittelbach, M. Goossens, J. Braams, D. Carlisle, and C. Rowley, *The LATEX companion*, Addison-Wesley Professional, 2004.

Figure A.3 – siam

Références

[1] A Capbern, Ch Giroud, T Baltz, and P Mattern. Trypanosoma equiperdum : etude des variations antigéniques au cours de la trypanosomose experimentale du lapin. *Experimental Parasitology*, 42(1) :6–13, 1977.

[2] Philippe Faverdin, Remy Delagarde, Luc Delaby, and Francois Meschy. Alimentation des vaches laitières, 2010.

[3] Frank Mittelbach, Michel Goossens, Johannes Braams, David Carlisle, and Chris Rowley. *The LATEX companion*. Addison-Wesley Professional, 2004.

Figure A.4 – plain

Références

[1] F. Mittelbach, M. Goossens, J. Braams, D. Carlisle, and C. Rowley, *The LATEX companion*. Addison-Wesley Professional, 2004.

[2] A. Capbern, C. Giroud, T. Baltz, and P. Mattern, "Trypanosoma equiperdum : etude des variations antigéniques au cours de la trypanosomose experimentale du lapin," *Experimental Parasitology*, vol. 42, no. 1, pp. 6–13, 1977.

[3] P. Faverdin, R. Delagarde, L. Delaby, and F. Meschy, "Alimentation des vaches laitières," 2010.

Figure A.5 – ieeetr

Références

[CGBM77] A Capbern, Ch Giroud, T Baltz, and P Mattern. Trypanosoma equiperdum : etude des variations antigéniques au cours de la trypanosomose experimentale du lapin. *Experimental Parasitology*, 42(1) :6–13, 1977.

[FDDM10] Philippe Faverdin, Remy Delagarde, Luc Delaby, and Francois Meschy. Alimentation des vaches laitières, 2010.

[MGB+04] Frank Mittelbach, Michel Goossens, Johannes Braams, David Carlisle, and Chris Rowley. *The LATEX companion*. Addison-Wesley Professional, 2004.

Figure A.6 – alpha

Références

[1] Capbern, A., Giroud, C., Baltz, T., and Mattern, P. Trypanosoma equiperdum : etude des variations antigéniques au cours de la trypanosomose experimentale du lapin. *Experimental Parasitology 42*, 1 (1977), 6–13.

[2] Faverdin, P., Delagarde, R., Delaby, L., and Meschy, F. Alimentation des vaches laitières, 2010.

[3] Mittelbach, F., Goossens, M., Braams, J., Carlisle, D., and Rowley, C. *The LATEX companion.* Addison-Wesley Professional, 2004.

Figure A.7 – acm

Références

[1] A. Capbern, C. Giroud, T. Baltz, and P. Mattern. Trypanosoma equiperdum : etude des variations antigéniques au cours de la trypanosomose experimentale du lapin. *Experimental Parasitology*, 42(1) :6–13, 1977.

[2] P. Faverdin, R. Delagarde, L. Delaby, and F. Meschy. Alimentation des vaches laitières, 2010.

[3] F. Mittelbach, M. Goossens, J. Braams, D. Carlisle, and C. Rowley. *The LATEX companion.* Addison-Wesley Professional, 2004.

Figure A.8 – abbrv

Annexe B

Exemple page de titre

```
\begin{titlepage}
\begin{center}
\vspace{3cm}
    \textsc{ \LARGE{Institut de lapinologie \\}}
        \textnormal{ \LARGE{Département lapin-nain\\}}
        \vspace{30mm}
    \textsl{\Huge{Traité sur les lapins}}\\
\end{center}
\begin{figure}[h]
    \centering\includegraphics[width=0.35\textwidth]{logo.png}
\end{figure}
\vspace{45mm}
\begin{minipage}[t]{0.47\textwidth}
        \textnormal{\large{\bf Rédigé par:\\}}
        {\large John Doe, PhD \\Dr Martin Dupond}
\end{minipage}\hfill\begin{minipage}[t]{0.47\textwidth}\raggedleft
        \textnormal{\large{\bf Avec la participation:\\}}
        {\large Bunny Bun\\ \textit{lapin-nain}}
\end{minipage}
\vspace{30mm}
\centering{\large{Début de l'étude: Mars 2018 \\ Fin de l'étude:
Octobre 2019 }}
\end{titlepage}
```

INSTITUT DE LAPINOLOGIE
Département lapin-nain

Traité sur les lapins

Rédigé par :
John Doe, PhD
Dr Martin Dupond

Avec la participation :
Bunny Bun
lapin-nain

Début de l'étude : Mars 2018
Fin de l'étude : Octobre 2019

Annexe C

L'encodage du document

Un peu de théorie

Pour comprendre les encodages, il est intéressant de comprendre le pourquoi du comment. Cette partie de théorie et d'histoire permet de mieux comprendre l'encodage d'un document et de mieux assimiler des notions telles qu'ASCII ou Unicode. De plus, l'encodage est une notion générale pour tous les documents : elle ne concerne pas uniquement LaTeX mais tous les types de documents informatiques, les pages web, tout ce que vous pouvez lire sur votre ordinateur.

C.1 Historique

Comment ça marche ?

Un ordinateur est une machine qui ne comprend que des 0 et des 1. Pour écrire un texte informatique (affichage de l'interface, document, code informatique, page web, script latex etc.), il fallait donc trouver une correspondance entre les caractères et les bits (les 0 et les 1). Pour cela, nous pouvons définir le procédé avec deux notions :

— dans un premier temps, définir tous les caractères que nous voulons utiliser (cela peut sembler trivial, mais la différence de caractères entre deux pays par exemple peut poser certains problèmes ; sans parler des caractères non-latin comme l'arabe ou le chinois) : C'est ce qui est appelé **jeu de caractères** ;

— à chaque caractère du jeu de caractères, nous allons donc associer un **code**, ou encore **encodage** c'est ce que l'ordinateur va lire, les bits correspondant à chaque caractère.

Ainsi, stocker du texte dans un ordinateur consiste à trouver un équivalent pour chacune des deux notions présentées ici, et comment transcrire du texte grâce à ces caractères codés.

L'ASCII

Un des premiers encodages à être utilisé est l'*American Standard Code for Information Interchange*, ou ASCII (à prononcer *aski*). Cet encodage va utiliser 7 bits, ce qui permet d'encoder $2^7 = 128$ caractères différents. Nous retrouvons parmi ces caractères l'alphabet minuscules et majuscules, les chiffres, des caractères spéciaux (!, #, $ par exemple), ainsi que 31 caractères de contrôle, non affichables. Voici une table ASCII[1] :

Dec	Hx	Oct	Char		Dec	Hx	Oct	Html	Chr	Dec	Hx	Oct	Html	Chr	Dec	Hx	Oct	Html	Chr
0	0	000	NUL	(null)	32	20	040		Space	64	40	100	@	@	96	60	140	`	`
1	1	001	SOH	(start of heading)	33	21	041	!	!	65	41	101	A	A	97	61	141	a	a
2	2	002	STX	(start of text)	34	22	042	"	"	66	42	102	B	B	98	62	142	b	b
3	3	003	ETX	(end of text)	35	23	043	#	#	67	43	103	C	C	99	63	143	c	c
4	4	004	EOT	(end of transmission)	36	24	044	$	$	68	44	104	D	D	100	64	144	d	d
5	5	005	ENQ	(enquiry)	37	25	045	%	%	69	45	105	E	E	101	65	145	e	e
6	6	006	ACK	(acknowledge)	38	26	046	&	&	70	46	106	F	F	102	66	146	f	f
7	7	007	BEL	(bell)	39	27	047	'	'	71	47	107	G	G	103	67	147	g	g
8	8	010	BS	(backspace)	40	28	050	(	(	72	48	110	H	H	104	68	150	h	h
9	9	011	TAB	(horizontal tab)	41	29	051	)	)	73	49	111	I	I	105	69	151	i	i
10	A	012	LF	(NL line feed, new line)	42	2A	052	*	*	74	4A	112	J	J	106	6A	152	j	j
11	B	013	VT	(vertical tab)	43	2B	053	+	+	75	4B	113	K	K	107	6B	153	k	k
12	C	014	FF	(NP form feed, new page)	44	2C	054	,	,	76	4C	114	L	L	108	6C	154	l	l
13	D	015	CR	(carriage return)	45	2D	055	-	-	77	4D	115	M	M	109	6D	155	m	m
14	E	016	SO	(shift out)	46	2E	056	.	.	78	4E	116	N	N	110	6E	156	n	n
15	F	017	SI	(shift in)	47	2F	057	/	/	79	4F	117	O	O	111	6F	157	o	o
16	10	020	DLE	(data link escape)	48	30	060	0	0	80	50	120	P	P	112	70	160	p	p
17	11	021	DC1	(device control 1)	49	31	061	1	1	81	51	121	Q	Q	113	71	161	q	q
18	12	022	DC2	(device control 2)	50	32	062	2	2	82	52	122	R	R	114	72	162	r	r
19	13	023	DC3	(device control 3)	51	33	063	3	3	83	53	123	S	S	115	73	163	s	s
20	14	024	DC4	(device control 4)	52	34	064	4	4	84	54	124	T	T	116	74	164	t	t
21	15	025	NAK	(negative acknowledge)	53	35	065	5	5	85	55	125	U	U	117	75	165	u	u
22	16	026	SYN	(synchronous idle)	54	36	066	6	6	86	56	126	V	V	118	76	166	v	v
23	17	027	ETB	(end of trans. block)	55	37	067	7	7	87	57	127	W	W	119	77	167	w	w
24	18	030	CAN	(cancel)	56	38	070	8	8	88	58	130	X	X	120	78	170	x	x
25	19	031	EM	(end of medium)	57	39	071	9	9	89	59	131	Y	Y	121	79	171	y	y
26	1A	032	SUB	(substitute)	58	3A	072	:	:	90	5A	132	Z	Z	122	7A	172	z	z
27	1B	033	ESC	(escape)	59	3B	073	;	;	91	5B	133	[	[	123	7B	173	{	{
28	1C	034	FS	(file separator)	60	3C	074	<	<	92	5C	134	\	\	124	7C	174			|
29	1D	035	GS	(group separator)	61	3D	075	=	=	93	5D	135	]	]	125	7D	175	}	}
30	1E	036	RS	(record separator)	62	3E	076	>	>	94	5E	136	^	^	126	7E	176	~	~
31	1F	037	US	(unit separator)	63	3F	077	?	?	95	5F	137	_	_	127	7F	177	&#127;	DEL

Source: www.LookupTables.com

FIGURE C.1 – Caractères ASCII

Ainsi, si nous voulons encoder la lettre « a » , nous savons que l'équivalent en decimal est 97, ce qui donne en binaire 0110 0001. Cependant, l'ASCII permet uniquement l'écriture de texte en anglais et montre des lacunes en termes de caractères spéciaux : il fallait trouver autre chose.

1. De asciitable.com

C.2 Quand ASCII ne suffit plus (Latin-1, ANSI)

Latin-1

En 1987, la norme ISO-8859 voit le jour. Cette norme d'encodage permet de pallier le manque de caractères de l'ASCII en utilisant 8 bits au lieu des 7, soit maintenant 256 caractères différents. Il n'y a pas de soucis de compatibilité avec ASCII puisque cette norme garde les caractères déjà définis par l'encodage ASCII. Pour pouvoir répondre aux différents besoins, cet encodage se divise en fait en dix « parties » (ISO-8859-1 à ISO-8859-10. De nos jours cette norme possède 16 parties). Les caractères ASCII (0 à 127) restant les mêmes, chaque partie va avoir la plage supérieure (128 à 256) composée de différent caractères. Bien sûr, l'emplacement de ces nouveaux caractères est harmonisé entre les différentes parties pour les caractères en commun ou qui se ressemblent. L'encodage ISO-8859-1 est aussi connu sous le nom de Latin-1, ou « Occidental ». Bien qu'ayant tendance à migrer vers utf-8, les distributions Linux ont commencé sur cet encodage. Avec cette nouvelle norme, l'encodage des langues latines est plutôt bien réglé.

Pour aller plus loin

> Windows s'est basé sur Latin-1 pour définir son propre encodage : WINDOWS-1252, aussi connu sous le nom d'ANSI. Il s'agit des mêmes caractères que Latin-1, avec des caractères additionnels définis dans les emplacements vides.

C.3 Un jeu de caractère universel : Unicode

Pourquoi ?

Puisque nous venons de voir qu'avec ISO-8859 les problèmes d'ASCII semblaient résolus, pourquoi vouloir changer ? ISO-8859 contient plusieurs encodages pour plusieurs alphabets différents (les différentes « parties »), mais comment faire pour écrire un texte avec des caractères de plusieurs alphabets en même temps ? La réponse semble couler de source : créer un encodage universel avec tous les alphabets ! Voient alors le jour Unicode (l'encodage) et la norme ISO-10646 (le jeu de caractères).

Pour aller plus loin

L'encodage Unicode offre tellement de caractères potentiels que les polices de textes n'ont pas forcément développé le symbole de chaque caractère. Lorsqu'un caractère n'a pas de symbole associé, nous retrouvons un petit carré avec le code à l'intérieur.

Unicode

Ainsi, Unicode propose 17 zones de 65 536 points de codes, soit 114 112 caractères disponibles. Les premiers caractères, pour des raisons de compatibilités, reprennent latin-1 (et donc ASCII). Ce jeu de caractère n'est pas « fini » : à chaque mise à jour, de nouveaux symboles sont ajoutés, les caractères étant déjà définis ne changent plus.

Pour aller plus loin

La syntaxe U+XXXX correspond à Unicode. Les 4 chiffres sont en fait la notation hexadécimale du caractère.

La composition

Unicode propose également une fonctionnalité très intéressante, permettant de garder la compatibilité avec les caractères existants. Le concept est simple : un caractère précomposé (ou caractère composite) est une entité unicode définie par la combinaison de plusieurs caractères unicode.

Exemple : Le caractère *é* s'écrit U+00E9 en unicode. Cependant, il peut aussi s'écrire comme la combinaison de : e (U+0065) avec un accent aigu (U+0301).

Pour aller plus loin

Vous avez sûrement déjà vu ce genre d'erreur : au lieu d'afficher « événement » (utf-8), nous lisons en « Ã©vÃ©nement ».
Cela est dû à la composition d'unicode : le é est écrit avec la combinaison des octets 0xC3 et 0xA9, qui sont lus en latin-1 par Ã et ©.

utf-8

Mais alors, qu'est ce qu'UTF-8 ? Avec le standard Unicode, un point de code[2] nécessite beaucoup plus qu'un octet ! Simplement, pour pouvoir coder tous les caractères du standard, et pour des raisons d'économie de mémoire, plusieurs encodages

2. Un point de code est une valeur numérique de l'espace de codage pouvant coder un caractère.

ont vu le jour : utf-32, utf-16, utf-8...

Le plus utilisé est utf-8, qui va coder les caractères sur des séquences de « un à quatre codets d'un octet chacun ». Les premiers caractères, ASCII, sont bien codées sur 1 octet, de U+0000 à U+007F. Les caractères codés de U+0080 à U+00FF sont codés sur 2 octets, etc jusqu'à U+10FFFF, soit 4 octets.

Annexe D

Les thèmes beamer

Section 1
Sous-section 1

Szeged

Un exemple de formule:

$$x(t) = \int_0^{+\infty} g(x)\exp(t)dt$$

Un exemple de liste:

- Pain
- Pommes de terre
- Produit-vaisselle

Et un bloc
Texte du bloc

Exemple de titre

Section 1

Singapore

Un exemple de formule:

$$x(t) = \int_0^{+\infty} g(x)\exp(t)dt$$

Un exemple de liste:

- Pain
- Pommes de terre
- Produit-vaisselle

Et un bloc
Texte du bloc

Rochester

Un exemple de formule:

$$x(t) = \int_0^{+\infty} g(x)\exp(t)dt$$

Un exemple de liste:

- Pain
- Pommes de terre
- Produit-vaisselle

Et un bloc
Texte du bloc

Pittsburgh

Un exemple de formule:

$$x(t) = \int_0^{+\infty} g(x)\exp(t)dt$$

Un exemple de liste:

- Pain
- Pommes de terre
- Produit-vaisselle

Et un bloc
Texte du bloc

PaloAlto

Exemple de titre
Auteur
Section 1
Sous-section 1

Un exemple de formule:

$$x(t) = \int_0^{+\infty} g(x)\exp(t)dt$$

Un exemple de liste:

- Pain
- Pommes de terre
- Produit-vaisselle

Et un bloc
Texte du bloc

Exemple de titre
Section 1
Sous-section 1

Montpellier

Un exemple de formule:

$$x(t) = \int_0^{+\infty} g(x)\exp(t)dt$$

Un exemple de liste:

- Pain
- Pommes de terre
- Produit-vaisselle

Et un bloc
Texte du bloc

Marburg

Exemple de titre
Auteur
Section 1
Sous-section 1

Un exemple de formule:

$$x(t) = \int_0^{+\infty} g(x)\exp(t)dt$$

Un exemple de liste:

- Pain
- Pommes de terre
- Produit-vaisselle

Et un bloc
Texte du bloc

Section 1 | Sous-section 1

Malmoe

Un exemple de formule:

$$x(t) = \int_0^{+\infty} g(x)\exp(t)dt$$

Un exemple de liste:

- Pain
- Pommes de terre
- Produit-vaisselle

Et un bloc
Texte du bloc

Auteur | Exemple de titre

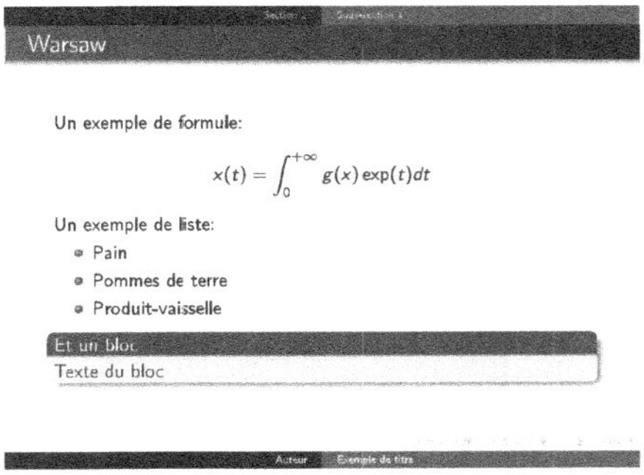
Section 1
Sous-section 1
Warsaw
Un exemple de formule:
$x(t) = \int_0^{+\infty} g(x)\exp(t)dt$
Un exemple de liste:
Pain
Pommes de terre
Produit-vaisselle
Et un bloc
Texte du bloc
Auteur
Exemple de titre

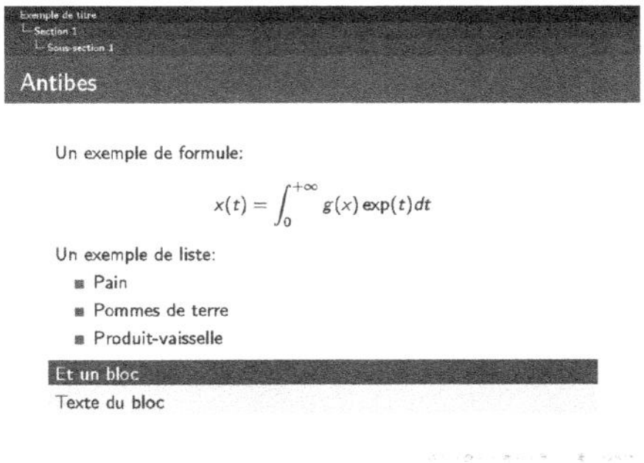
Exemple de titre
Section 1
Sous-section 1
Antibes
Un exemple de formule:
$x(t) = \int_0^{+\infty} g(x)\exp(t)dt$
Un exemple de liste:
Pain
Pommes de terre
Produit-vaisselle
Et un bloc
Texte du bloc

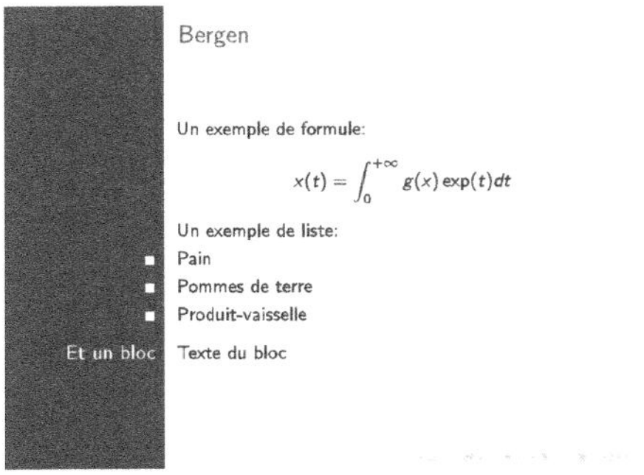
Bergen
Un exemple de formule:
$x(t) = \int_0^{+\infty} g(x)\exp(t)dt$
Un exemple de liste:
Pain
Pommes de terre
Produit-vaisselle
Et un bloc
Texte du bloc

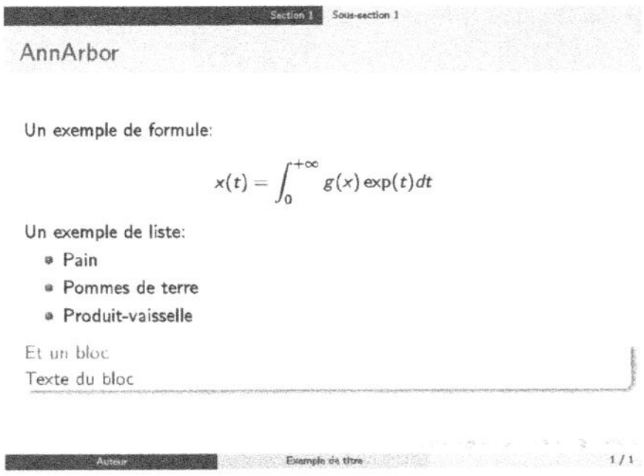
Section 1
Sous-section 1
AnnArbor
Un exemple de formule:
$x(t) = \int_0^{+\infty} g(x)\exp(t)dt$
Un exemple de liste:
Pain
Pommes de terre
Produit-vaisselle
Et un bloc
Texte du bloc
Auteur
Exemple de titre
1 / 1

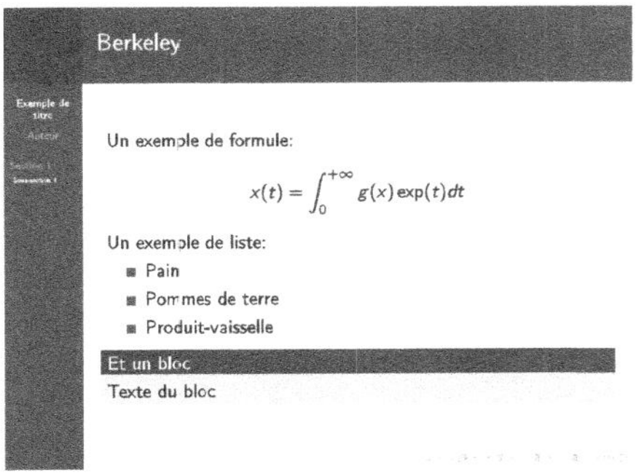
Berkeley
Exemple de titre
Un exemple de formule:
$x(t) = \int_0^{+\infty} g(x)\exp(t)dt$
Un exemple de liste:
Pain
Pommes de terre
Produit-vaisselle
Et un bloc
Texte du bloc

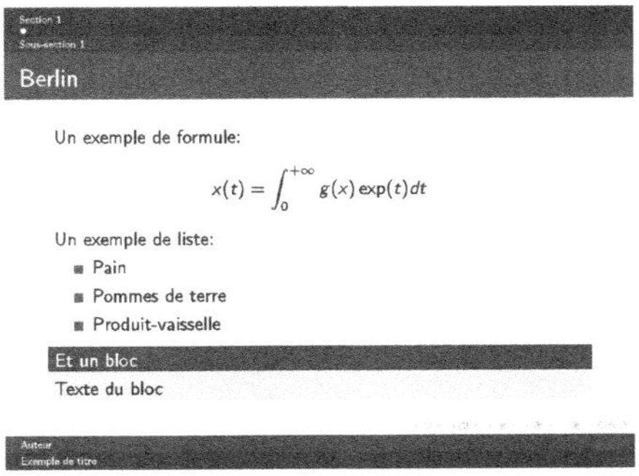
Section 1
Sous-section 1
Berlin
Un exemple de formule:
$x(t) = \int_0^{+\infty} g(x)\exp(t)dt$
Un exemple de liste:
Pain
Pommes de terre
Produit-vaisselle
Et un bloc
Texte du bloc
Auteur
Exemple de titre

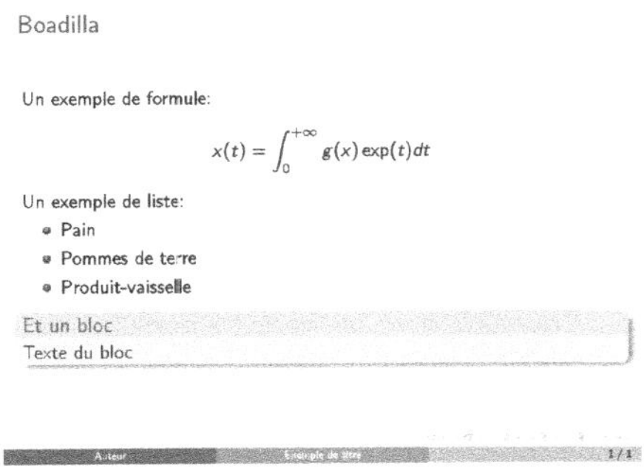
Boadilla
Un exemple de formule:
$x(t) = \int_0^{+\infty} g(x)\exp(t)dt$
Un exemple de liste:
Pain
Pommes de terre
Produit-vaisselle
Et un bloc
Texte du bloc
Auteur
Exemple de titre
1 / 1

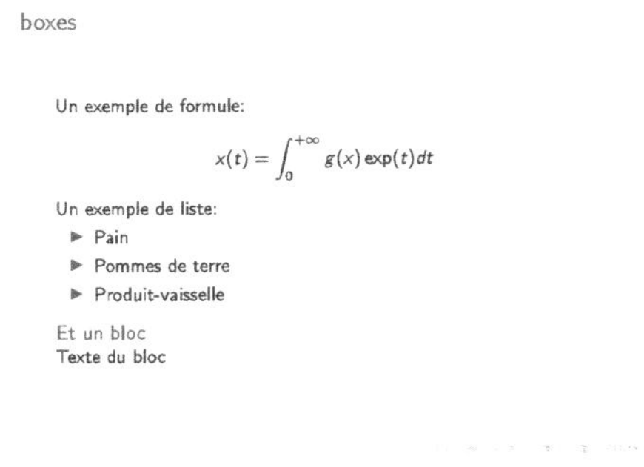
boxes
Un exemple de formule:
$x(t) = \int_0^{+\infty} g(x)\exp(t)dt$
Un exemple de liste:
Pain
Pommes de terre
Produit-vaisselle
Et un bloc
Texte du bloc

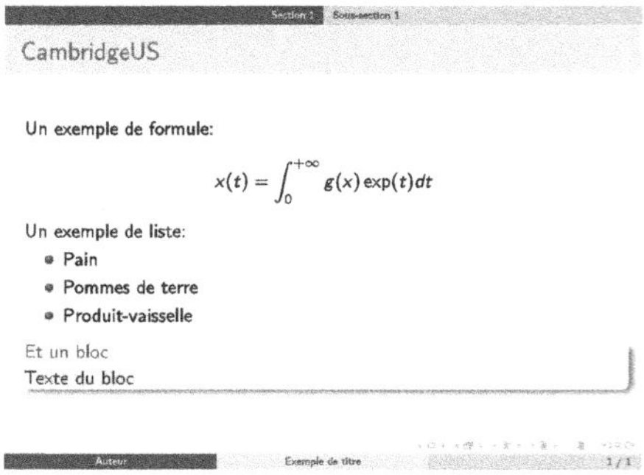
Section 1
Sous-section 1
CambridgeUS
Un exemple de formule:
$x(t) = \int_0^{+\infty} g(x) \exp(t) dt$
Un exemple de liste:
Pain
Pommes de terre
Produit-vaisselle
Et un bloc
Texte du bloc
Auteur
Exemple de titre
1 / 1

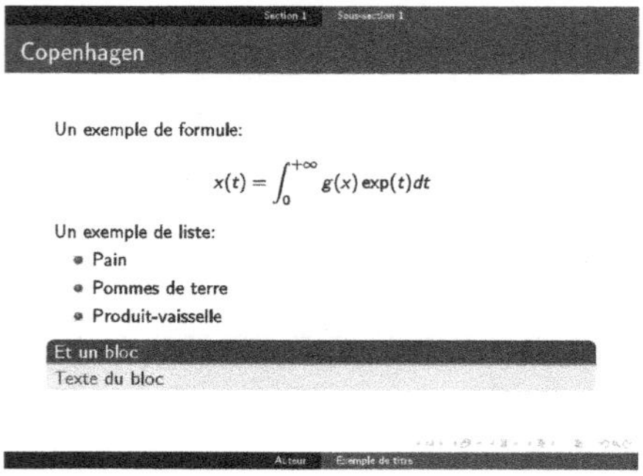
Section 1
Sous-section 1
Copenhagen
Un exemple de formule:
$x(t) = \int_0^{+\infty} g(x) \exp(t) dt$
Un exemple de liste:
Pain
Pommes de terre
Produit-vaisselle
Et un bloc
Texte du bloc
Auteur
Exemple de titre

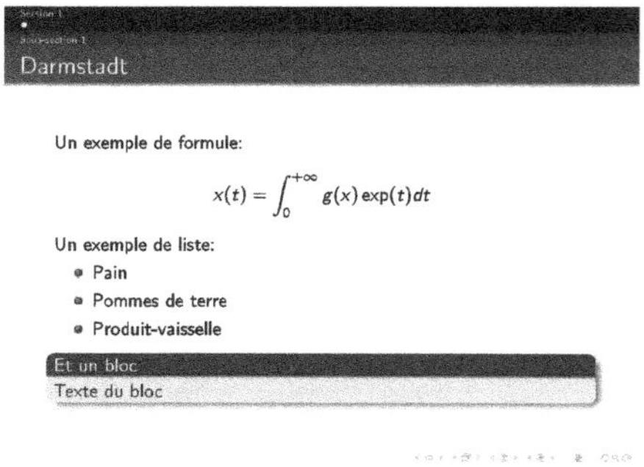
Section 1
Sous-section 1
Darmstadt
Un exemple de formule:
$x(t) = \int_0^{+\infty} g(x) \exp(t) dt$
Un exemple de liste:
Pain
Pommes de terre
Produit-vaisselle
Et un bloc
Texte du bloc

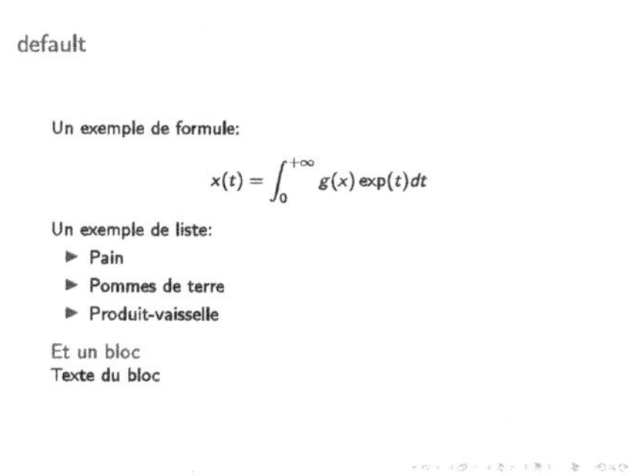
default
Un exemple de formule:
$x(t) = \int_0^{+\infty} g(x) \exp(t) dt$
Un exemple de liste:
Pain
Pommes de terre
Produit-vaisselle
Et un bloc
Texte du bloc

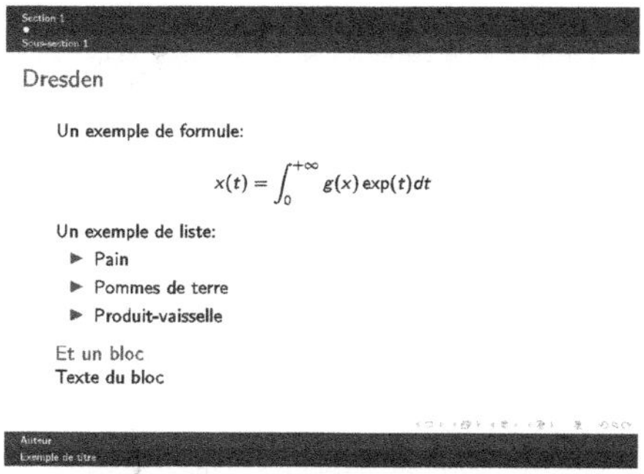
Section 1
Sous-section 1
Dresden
Un exemple de formule:
$x(t) = \int_0^{+\infty} g(x) \exp(t) dt$
Un exemple de liste:
Pain
Pommes de terre
Produit-vaisselle
Et un bloc
Texte du bloc
Auteur
Exemple de titre

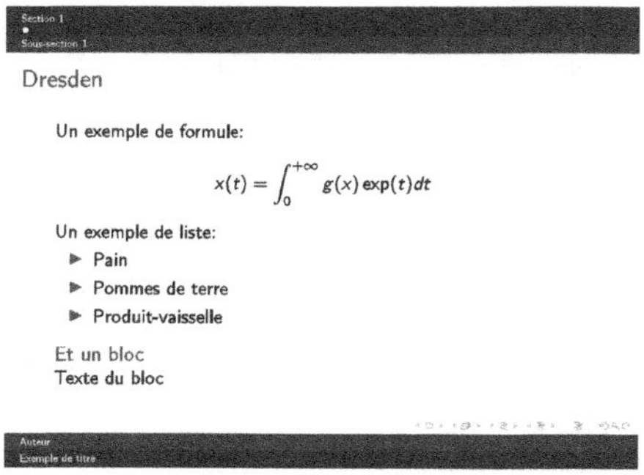
Section 1
Sous-section 1
Dresden
Un exemple de formule:
$x(t) = \int_0^{+\infty} g(x) \exp(t) dt$
Un exemple de liste:
Pain
Pommes de terre
Produit-vaisselle
Et un bloc
Texte du bloc
Auteur
Exemple de titre

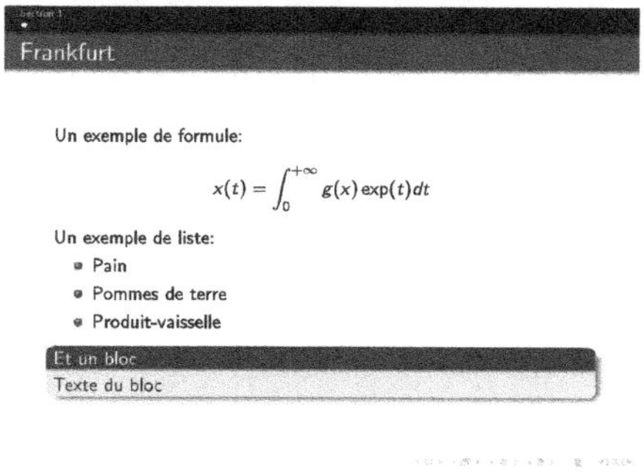
Section 1
Frankfurt
Un exemple de formule:
$x(t) = \int_0^{+\infty} g(x) \exp(t) dt$
Un exemple de liste:
Pain
Pommes de terre
Produit-vaisselle
Et un bloc
Texte du bloc

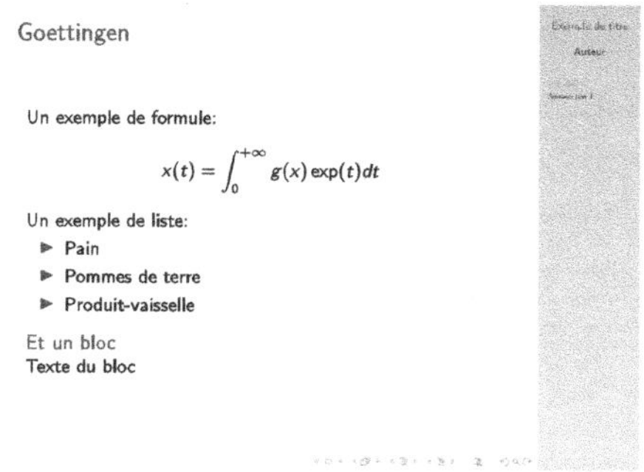
Goettingen
Exemple de titre
Auteur
Un exemple de formule:
$x(t) = \int_0^{+\infty} g(x) \exp(t) dt$
Un exemple de liste:
Pain
Pommes de terre
Produit-vaisselle
Et un bloc
Texte du bloc

Exemple de titre
Auteur
Section 1
Sous-section 1

Hannover

Un exemple de formule:

$$x(t) = \int_0^{+\infty} g(x) \exp(t) dt$$

Un exemple de liste:

- Pain
- Pommes de terre
- Produit-vaisselle

Et un bloc
Texte du bloc

Section 1
Sous-section 1

Ilmenau

Un exemple de formule:

$$x(t) = \int_0^{+\infty} g(x) \exp(t) dt$$

Un exemple de liste:

- Pain
- Pommes de terre
- Produit-vaisselle

Et un bloc
Texte du bloc

Auteur
Exemple de titre

Exemple de titre
Section 1
Sous-section 1

JuanLesPins

Un exemple de formule:

$$x(t) = \int_0^{+\infty} g(x) \exp(t) dt$$

Un exemple de liste:

- Pain
- Pommes de terre
- Produit-vaisselle

Et un bloc
Texte du bloc

Section 1 Sous-section 1

Luebeck

Un exemple de formule:

$$x(t) = \int_0^{+\infty} g(x) \exp(t) dt$$

Un exemple de liste:

- Pain
- Pommes de terre
- Produit-vaisselle

Et un bloc
Texte du bloc

Auteur Exemple de titre

Madrid

Un exemple de formule:

$$x(t) = \int_0^{+\infty} g(x) \exp(t) dt$$

Un exemple de liste:

- Pain
- Pommes de terre
- Produit-vaisselle

Et un bloc
Texte du bloc

Auteur Exemple de titre 1 / 1

Bibliographie

[1] Donald Arseneau. The `wrapfig` package. `https://ctan.org/pkg/wrapfig`, 2003. Consulté le 2 Décembre 2018.

[2] Javier Bezos. The `titlesec` package. `https://ctan.org/pkg/titlesec`, 2011. Consulté le 2 Décembre 2018.

[3] Johannes L. Braams. The `babel` package. `https://ctan.org/pkg/babel`, 2018. Consulté le 29 Novembre 2018.

[4] David Carlisle. The `graphicx` package. `https://ctan.org/pkg/graphicx`, 1999. Consulté le 29 Novembre 2018.

[5] Steven Douglas Cochras. The `subfig` package. `https://ctan.org/pkg/subfig`, 2005. Consulté le 29 Novembre 2018.

[6] Bernard Desgraupes. *LATEX : apprentissage, guide et référence.* De Boeck Superieur, 2019.

[7] Michael Downes. *Short math guide for LATEX.* American Mathematical Society, 2002.

[8] Harald Harders. The `numprint` package. `https://ctan.org/pkg/numprint`, 2012. Consulté le 29 Novembre 2018.

[9] Martin Hensel. The `mhchem` package. `https://ctan.org/pkg/mhchem`, 2004. Consulté le 2 Décembre 2018.

[10] Jobst Hoffmann and Moses Brooks. The `listings` package. `https://ctan.org/pkg/listings`, 2013. Consulté le 29 Novembre 2018.

[11] Morten Hogholm. The `mathtools` package. `https://ctan.org/pkg/mathtools`, 2011. Consulté le 29 Novembre 2018.

[12] Alan Jeffrey and Frank Mittelbach. The `geometry` package. `https://ctan.org/pkg/inputenc`, 2018. Consulté le 29 Novembre 2018.

[13] Uwe Kern. The `xcolor` package. `https://ctan.org/pkg/xcolor`, 2007. Consulté le 29 Novembre 2018.

[14] H Kopka and PW Daly. A guide to {\LaTeX}–document. 1995.

[15] Leslie Lamport. *LATEX : a document preparation system : user's guide and reference manual.* Addison-wesley, 1994.

[16] Philipp Lehman and Joseph Wright. The `csquotes` package. `https://ctan.org/pkg/csquotes`, 2018. Consulté le 2 Décembre 2018.

[17] Daniel H. Luecking. The `mathdots` package. `https://ctan.org/pkg/mathdots`, 2001-2014. Consulté le 2 Décembre 2018.

[18] Andreas Matthias. The `pdfpages` package. `https://ctan.org/pkg/pdfpages`, 2017. Consulté le 2 Décembre 2018.

[19] Frank Mittelbach, Michel Goossens, Johannes Braams, David Carlisle, and Chris Rowley. *The LATEX companion*. Addison-Wesley Professional, 2004.

[20] Heiko Oberdiek. The `hyperref` package. `https://ctan.org/pkg/hyperref`, 2012. Consulté le 29 Novembre 2018.

[21] The American Mathematical Society. The `amsfonts` package. `https://ctan.org/pkg/amsfonts`, 2004. Consulté le 2 Décembre 2018.

[22] The American Mathematical Society. The `amsthm` package. `https://ctan.org/pkg/amsthm`, 2004. Consulté le 29 Novembre 2018.

[23] Gérard Tisseau and Jacques Duma. *TikZ pour l'impatient*. 2009.

[24] Hideo Umeki. The `geometry` package. `https://ctan.org/pkg/geometry`, 2010. Consulté le 29 Novembre 2018.

[25] Piet van Oostrum. The `fancyhdr` package. `https://ctan.org/pkg/fancyhdr`, 2004. Consulté le 29 Novembre 2018.

[26] Peter Wilson R. The `abstract` package. `https://ctan.org/pkg/abstract`, 2000-2009. Consulté le 29 Novembre 2018.

[27] Joseph Wright. The `siunitx` package. `https://ctan.org/pkg/siunitx`, 2013. Consulté le 29 Novembre 2018.

[28] Joseph Wright and Vedran Miltec. The `beamer` package. `https://ctan.org/pkg/beamer`, 2011. Consulté le 29 Novembre 2018.

Index

81053 – (I) – OSB 80° – LUM – GCO
Dépôt légal : avril 2020

Achevé d'imprimer par Dupli-Print à Domont (95)
N° d'impression : 2020030021
www.dupli-print.fr

Imprimé en France